AF267051

ABBÉ RAYNAL

TABLEAU
PHILOSOPHIQUE
DE LA REVOLUTION

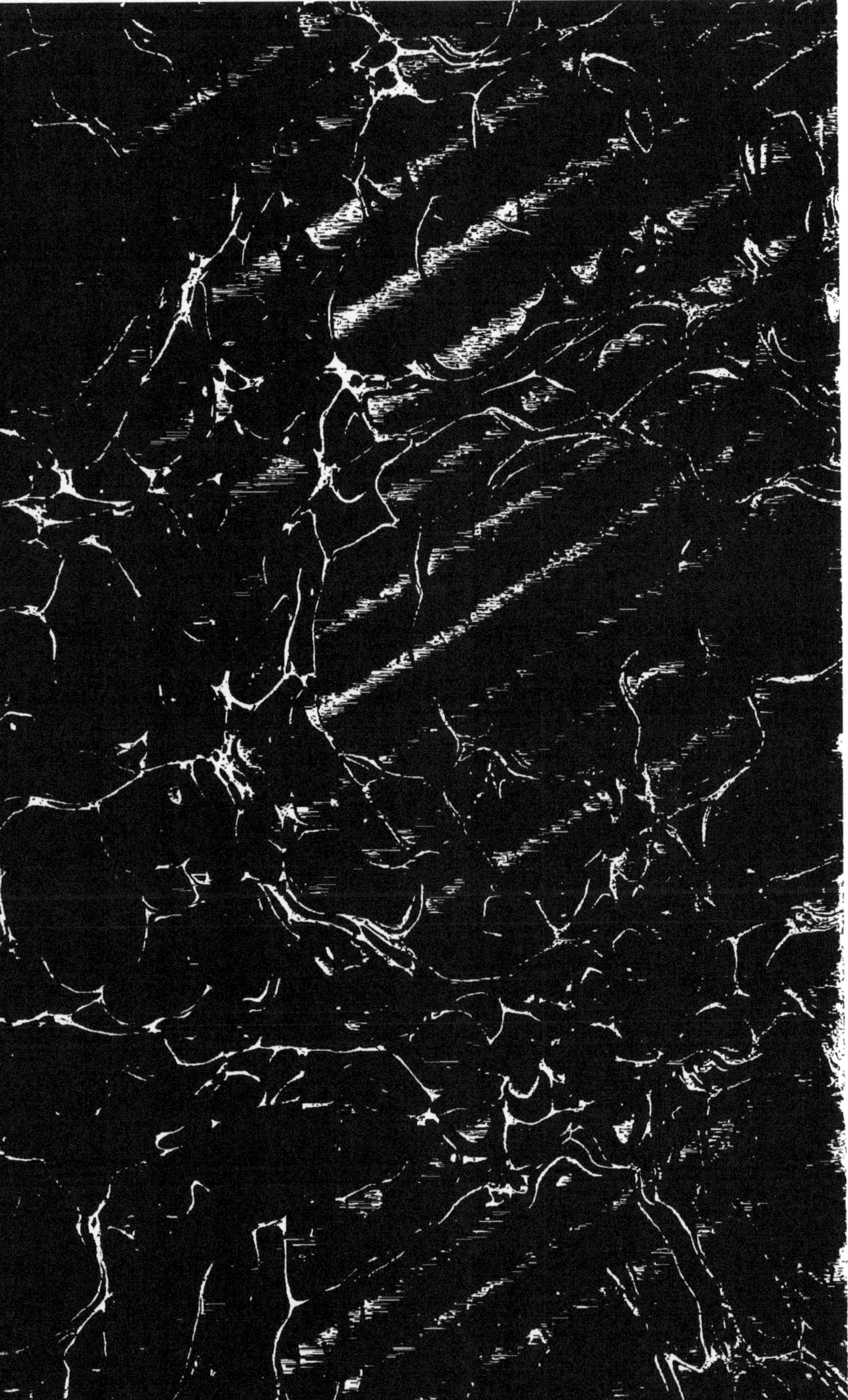

TABLEAU

PHILOSOPHIQUE

DE LA RÉVOLUTION

DE FRANCE

EN 1789;

Où l'on dévoile l'origine & l'accroiſſement progreſſif du Deſpotiſme qui régnoit ſur les Peuples de cet Empire ; & les cauſes de l'oppreſſion ſous laquelle ils ont gémi ſi long-temps.

PAR M. L'ABBÉ RAYNAL.

Outrager eſt d'un fou ; flatter eſt d'un eſclave :
Il faut bannir l'audace & non la liberté ;
La balance à la main, peſer la vérité.

BERNIS, ſur l'indépendance.

A MARSEILLE

1790.

AVERTISSEMENT.

LE Lecteur n'attend peut-être qu'un tableau des actes de defpotifme qui ont paru influer plus directement fur la révolution. Mais comme tout s'enchaîne dans le monde moral, ainfi que dans le monde phyfique, & qu'on n'inftruit complétement qu'en faifant paffer des principes aux conféquences, & des caufes aux effets, nous avons cru devoir expofer, en peu de pages, comment le defpotifme a régné fur tous les peuples avant de s'attacher à cet empire. Ce monftre, auffi ancien que le monde, a toujours été le cruel ennemi du peuple: nous avons voulu apprendre à la claffe qui en a été fi long-temps victime, l'hiftoire complète de fon tyran. Nous efpérons qu'il nous faura gré de lui avoir découvert fon origine & fon accroiffement progreffif; c'eft dans l'efpérance de contribuer à fon bonheur, que nous dévoilons les caufes de l'oppreffion fous laquelle il a gémi fi long-temps.

TABLEAU

PHILOSOPHIQUE

DE LA RÉVOLUTION

DE FRANCE

EN 1789.

DEPUIS l'origine des sociétés le despotisme pèse sur l'univers. L'histoire des révolutions humaines est le récit des usurpations du pouvoir, des réclamations de la raison & des vengeances de la force. C'est l'histoire du despotisme. Il est né avec l'homme qui a été despote aussi-tôt qu'il a eu un empire à exercer.

Ces premiers Hébreux, souverains absolus de leurs nombreuses familles, bientôt souverains absolus de peuplades, entèrent le despotisme de gouvernement sur le despotisme religieux qu'ils portèrent à son comble ; & si le despotisme n'a pas eu dès l'enfance du monde tout l'odieux de la tyrannie, il ne faut l'attribuer qu'à la primitive pureté des mœurs, & à l'action première des sentimens religieux sur un peuple pieux, toujours occupé de Dieu, toujours tremblant au pied de ses autels.

Le chef de la famille étoit l'organe de Dieu pour tous les siens, qui croyoient entendre de sa bouche les oracles suprêmes : aussi toutes ses volontés étoient inviolables. Tel fut l'esprit du gouvernement des Hébreux, & celui de leur loi ; savoir, le despotisme religieux & le despotisme patriarchal. Depuis

Adam jufqu'à Moïfe, on le reconnoît par-tout. Ce ne fut d'abord que l'empire abfolu de la vertu : mais quand la pureté des mœurs eût dû ne s'altérer jamais, le defpotifme ne pouvoit pas même convenir à la vertu ; c'eût été lui allier le vice.

En remontant des effets aux caufes jufqu'aux premiers principes, on ne peut s'empêcher de dire que le defpotifme appartient fur-tout à la religion en général. Toutes les religions & toutes les fectes en font l'effence. Etrange fyftème des légiflateurs & des prêtres, qui ont fait de la Divinité un tyran, pour exercer, fous fa caution, une puiffance fans frein ! Plus ils ont voulu d'autorité, plus ils ont étroitement entravé la raifon : & Mahomet, qui a beaucoup renchéri fur Moïfe, l'a réduite à la dure alternative d'être ftupidement efclave, ou dangereufement impie ; car le poëte n'outre rien en lui faifant dire :

« On devient facrilège alors qu'on délibère.
» Loin de moi les mortels affez audacieux,
» Pour juger par eux-même, & voir tout par leurs yeux.
» Quiconque ofe penfer, n'eft pas fait pour me croire »...

M A H O M E T.

Il faut convenir que ce n'eft pas-là le ftyle de l'évangile qui parle au cœur, comme l'a dit Rouffeau, lors même qu'il nous propofe fes myftères. La pureté, la fublimité de fa morale, perfuadent à la confcience la foi aveugle qu'il exige fur quelques articles, & la confcience peut obtenir le filence de la raifon. Mais il n'en eft pas moins vrai que les commentateurs ont nui au texte ; que les organes de la loi l'ont obfcurcie ; que les miniftres des autels fe font mis plus d'une fois à la place de Dieu : qu'ils ont oublié qu'ils n'étoient que des hommes, & que celui dont ils tiennent leur miffion n'établit fon évangile que par la perfuafion & des bienfaits; qu'il n'a perfécuté perfonne pour le forcer de fe foumettre au plus révoltant des defpotifmes, celui qui tyrannife les opinions, & les traite comme des crimes. L'efprit de fa loi les réprouve tous.

C'eft parce qu'on a fait defcendre du ciel le defpotifme, & qu'on lui a donné une fanction divine, qu'il s'eft fi puiffamment établi. Il y a long-temps que les droits de l'homme feroient réhabilités, fans l'épais tiffu dont les prêtres de tous les Dieux ont voilé la raifon ou la ftupeur dont ils l'ont frappée. S'il s'eft trouvé des téméraires qui les aient bleffés en raifonnant, ils ont crié à l'impiété, au facrilège; & l'on fait combien terrible a été ce cri de guerre. Dans l'Inde encore, & ailleurs, leur *palladium* eft intact. Mais l'Europe eft enfin perfuadée que l'homme n'eft point naturellement impie; ne l'eft point, fur-tout, parce qu'il condamne le defpotifme facré; & que, fi l'immortalité & la déraifon vont trop loin, un peu de haine nous eft peut-être permis pour l'antique auteur de nos maux. Ce reffentiment garantit la conquête de la raifon.

Si tous les prêtres du monde font devenus plus ou moins odieux, c'eft qu'ils ont été plus ou moins defpotes, & que tous ont été ou font encore les fauteurs du defpotifme. Mais en bornant les nôtres à leurs auguftes fonctions, en les difpenfant des foins profanes & dangereux d'adminiftration, & des grandes propriétés, en leur ôtant l'occafion des procès, en les falariant avec décence & raifon, en permettant au mérite l'émulation de l'avancement, ils acquerfont une confidération réelle & méritée : car les prêtres de la loi de J. C. ont, entr'autres, cet avantage précieux c'eft qu'en les rappelant à leurs fonctions & à leur inftitution, ce font des êtres refpectables & utiles. Ils font les dépofitaires & les confolateurs des peines du peuple. Il ne feroit donc queftion que de les réduire, & de neutralifer les principes innés d'ariftocratie qui leur ont valu la haine.

Mais, fans nous appefantir fur l'origine du defpotifme, dont les excès ont amené la révolution préfente, & pour nous difpenfer de le fuivre dans les canaux qui l'ont répandu, il fuffira d'obferver que le defpotifme devenu puiffance, & s'étant légitimé lui-même, les peuples ont été le jouet d'un petit nombre d'hommes, qui les ont alternativement fait fervir à leurs caprices, ou immolés à leurs paffions. Quelquefois ils ont déchainé les guerriers contre les guerriers, les puiffans contre les puiffans, comme ils faifoient lancer dans leurs arènes les lions contre les tigres. Quelquefois auffi, par fureur ou par calcul, ils ont déchainé les loups contre les agneaux.

Cependant il y eut à Athènes, à Sparte & à Rome, de fages lois qui fembloient affurer pour toujours le triomphe de la liberté. On vit la loi s'établir au-deffus de toute puiffance. Son empire prit dans Lacédémone un caractère de majefté fi grand, fi étonnant, que l'on feroit tenté de craindre que l'admiration n'affociât le merveilleux de la fable à la vérité de l'hiftoire, fi les faits étoient moins garantis. Vains efforts du génie & de la raifon ! le defpotifme, déguifé fous mille formes, fous les livrées même de la liberté, reparut fortifié d'ufurpations, & il réédifia fon trône dans Sparte, dans Athènes & dans Rome, fur les débris des monumens élevés à fa ruine. Le defpotifme eft-il donc l'ame du monde focial ? Non, mais il eft celle de la puiffance : mais il eft l'ame & le tyran de toute affociation, quand la loi, qui devroit tout dominer, eft efclave de l'autorité.

L'empire Français n'ayant jamais eu de conftitution, & la puiffance fouveraine n'étant pas celle de la loi, il y a long-temps que fes rois feroient defpotes abfolus, fi, jufqu'à Louis XIII, ils n'euffent été contenus par les fuzerains & les grands. Depuis Louis XIII, les lumières s'étant accrues & propagées les rois n'ont pas pu aller auffi loin qu'ils auroient été, quoiqu'il foit vrai de dire que Louis XIV reffemble beaucoup à un Sultan. On fentit moins la pefanteur de fon joug, parce qu'on fe fouvenoit encore de celle des fers de la féodalité, & on le lui pardonna, parce qu'il fut grand. La nation s'étoit enivrée avec lui, & comme lui.

Ainfi, depuis l'origine de la monarchie, nous avons alternativement gémi fous le defpotifme féodal & fous le defpotifme miniftériel. Richelieu étouffa le premier pour établir l'autre. Le miniftère conquit le pouvoir que perdirent les grands, & l'on ne fentit pas affez que le defpotifme, pour être fimplifié, n'en feroit pas moins actif; qu'il n'auroit que plus d'agens, quoiqu'il y eût moins de defpotes, parce que les miniftres lui appliqueroient, au befoin, toutes les forces motrices d'un grand état.

Le defpotifme féodal étoit fûrement plus contre nature ; mais il y avoit au moins une efpèce de lien de relation qui lioit le ferf à fon maître,

& intéreſſoit le ſeigneur à ſon eſclave ; au lieu que le deſpotiſme des miniſtres ne portoit ſur aucune baſe qui ne fût odieuſe. L'un appartenoit plus à la barbarie, l'autre fut atroce. Si les ſerfs étoient comme les animaux domeſtiques de leurs ſeigneurs, ceux-ci les nourriſſoient, les vêtoient, les faiſoient ſoigner dans leurs maladies : ils invitoient à la population, & les miniſtres aidoient à deſſécher le ſein de la nature. Les deſpotes féodaux ont abuſé en barbares du droit de propriété & de force ; mais un miniſtre étoit bien plus coupable, lui à qui le roi ſembloit dire, en l'appelant : « Ma famille eſt trop nombreuſe pour » que mes facultés & mes ſentimens puiſſent veiller » ſur tous, & pourvoir à tout ; je vous aſſocie » aux devoirs de la paternité : je répands ſur » vous honneurs & richeſſes. Soyez le miniſtre de » mes bontés & de ma juſtice ». Voilà ce qu'un bon roi, ce que Louis XVI a dit, ou voulu dire, toutes les fois qu'il a nommé au miniſtère. D'après cela, conçoit-on rien de plus criminel qu'un miniſtre qui diſſipe, tyranniſe & déprède ? Eſt-il rien de plus puniſſable & de moins puni ? On ſe contente de le renvoyer avec les dépouilles de l'état ; & ſa famille, qui ſe conſole du deuil de l'ambition avec ce qu'elle a obtenu de la faveur, après les premiers temps de la diſgrâce, compte parmi ſes titres d'illuſtration d'avoir eu un miniſtre, tandis qu'elle devroit n'en avoir conſervé que là tache. Qu'a riſqué juſqu'ici un miniſtre ſcélérat ? Sa place. Ainſi un miniſtre pouvoit faire impunément le malheur de vingt-cinq millions d'hommes, ſans courir d'autre riſque que de perdre le droit dont il abuſoit ſi indignement. Il a

fallu

fallu que nous ayons pris bien peu d'intérêt à la chofe publique, pour le fouffrir auffi long-temps.

Sans doute l'autorité a befoin d'agens, puifque fon domaine eft auffi étendu, comme il faut une main qui tienne le frein du courfier, un bras qui dirige le foc de la charrue, & qui meuve le fceptre de la loi. Mais s'il n'y a pas de tribunal impofant auquel foit comptable celui qui fubftitueroit le poignard des paffions à la balance ou au glaive facré de la juftice, on ne verra que l'affreufe combinaifon de la force & de l'intrigue. C'eft l'hiftoire miniftérielle : George d'Amboife & Sully font prefque les feules exceptions. On verra, comme fous Louis XV, deux cens trente mille lettres de çachet ; &, par-tout où l'on connoîtra un antre fortifié, on pourra dire en frémiffant : Là, peut-être un homme vertueux expie fes vertus auprès d'un coupable protégé, qui refpire l'impunité & l'efpoir : de là, il eft poffible que les gémiffemens de l'innocence ne foient entendus que du ciel, complice de l'oppreffion, & que le fcélérat, qui fe joue des lois comme de la vertu, vienne de nouveau défoler la fociété.

Mais, puifque ce vice affreux a le contre-poids de la liberté individuelle & de la refponfabilité, n'en parlons que pour rappeler les abus qui ont épuifé la patience & exigé les remèdes.

Le defpotifme a tourmenté l'humanité dans tous les fens ; & quoiqu'il ait toujours été profcrit par la nature qu'il opprime, par la raifon qu'il outrage, & l'équité qu'il révolte, nous favons, par fon hiftoire & nos malheurs, qu'il a toujours été croiſſant juſqu'au moment marqué par cet adage ancien :

« *Patiendo multa veniunt quæ nequeas pati* ».

C'eſt l'époque où nous nous trouvons. Le deſpotiſme eſt donc eſſentiellement le vice de la puiſſance. Il eſt en même-temps cauſe & effet. Il s'eſt établi par l'excès de la confiance, ou par le crime de l'uſurpation. Pour protéger les premiers excès, il en a fallu d'autres ; la multiplicité & l'impunité des crimes du deſpotiſme ont fait le droit des deſpotes. Ainſi eſt-on graduellement parvenu à l'infini de l'arbitraire, & à prendre pour les principes de l'autorité les uſurpations du deſpotiſme. A la cour, les rois & leurs courtiſans, les princes & leurs complaiſans, le vice & même la vertu, ſont deſpotes. Dans l'état, le clergé & les parlemens, les intendans & les commandans militaires, les uns & les autres tyrans des provinces, qui retracent les préteurs dont parle le payſan du Danube ; enfin, tous les corps où il y a une eſpèce d'hiérarchie, & juſqu'aux ſociétés littéraires, ont fractionné le deſpotiſme, pour en exercer la part qu'ils ont pu s'approprier ; de ſorte que la France étoit devenue l'anarchie de l'ariſtocratie, ſous l'égide d'un roi moins deſpote peut-être que ſes ſujets.

J'entends tous les jours des ſpéculateurs qui diſent que nous regretterons l'ancien ordre de choſes. J'avoue que je croirois plus aux lamentations & à l'enthouſiaſme, ſi je n'obſervois pas ceux qui ſe lamentent & ceux qui s'exaltent. Quand on a déduit les hommes qui ont des intérêts de corps ou des intérêts perfonnels, ceux qui ont des préjugés de naiffance ou d'état, ceux même qui ont de la droiture & fe croient impartiaux, mais qui font affervis à des préjugés d'éducation, de routine, &c. les autorités deviennent rares, & il eft peut-être plus difficile qu'on ne croit de s'affurer foi-même que l'on eft réellement impartial.

Qu'étoit-ce donc que l'ancien ordre de chofes que nous regretterons peut-être ? Le défordre des mœurs, des lois & de l'adminiftration. Eh ! quel défordre que celui où il n'y avoit plus de balance inviolable entre le vice & la vertu, le crime & la loi ! Quel frein reftoit-il aux paffions ? Etoit-ce la religion ? La raifon a enlevé aux prêtres leurs talifmans; la déraifon en a fait une caricature; le libertinage l'a rejetée & calomniée, & fes miniftres l'ont avilie. Seroient-ce les mœurs ? Eh ! nous n'en avons plus ! Il n'y a point de nation plus immorale. Les mœurs n'exiftent qu'en proportion des lois ; & lorfqu'elles font méprifées au point que le crédit & l'intrigue peuvent tout, il ne faut plus chercher des mœurs. Le malheur eft qu'il faille une régénération pour les recouvrer.

Quelle étoit la bonne caufe qui ne fe perdoit pas dans nos tribunaux, lorfqu'on pouvoit faire mouvoir certains refforts ? Et combien n'étoit-il pas difficile d'obtenir une juftice irrécufable, lorfque les coupables étoient étayés ? On fait tout cela : & quoique je puffe citer quelques faits frappans, j'abrège ; je ne ferois que prouver une vérité perfuadée.

Mais quels regrets pourroit-on jamais accorder au paffé, lorfqu'on penfera que la religion n'avoit plus de reffort ; qu'elle n'étoit plus liée à la morale publique : que les lois n'avoient plus d'action que fur la claffe qui n'a point d'appui, qu'elles puniffent & ne protègent pas ; qu'il n'y avoit point d'esprit public ; que nous n'avions que des hommes en place, & point de citoyens ? Quand on fera attention qu'un immense revenu n'avoit servi qu'à préparer une dette incommensurable ; que les fleuves d'or qui auroient dû vivifier le plus riche & le plus beau des empires, filtroient par des canaux souterrains, dans des gouffres sans fond qui dévoroient l'état. Le prince s'imposoit des réformes & des privations, & l'on dissipoit, avec scandale, autour de lui. La saine morale regrettera-t-elle les temps où le clergé supérieur, après avoir transformé une suprématie spirituelle en puissance séculière, opprimoit, avec l'insulte du mépris, ses humbles & utiles agens ; où la noblesse, ainsi que le haut clergé, riche de biens, de dignités & d'orgueil, pesoit sur l'état & disoit le servir ? L'humanité regretteroit-elle cet âge de fer, pendant lequel le peuple gémissant & misérable, opprimé & bon, adoroit son Roi, lors même qu'en son nom on lui arrachoit sa substance nourricière ? pendant lequel l'honnête-homme ne pouvoit jamais se dire : *Je suis en sûreté, la loi veille pour moi ?* Car, qui de nous auroit osé répondre, il y a vingt ans, à celui qui lui auroit dit : Demain vous serez peut-être à la Bastille ? Alors l'épanchement douloureux d'une ame honnête & citoyenne, qui sent les malheurs de la patrie, & qui cherche à s'en consoler par l'espoir d'un avenir plus heureux, m'y auroit conduit moi-même.

Quel empire que celui où, sur vingt-cinq millions d'hommes, il n'y en a pas un qui ait une considération personnelle, réelle, incontestable ; où la famille régnante, nombreuse en individus, n'a de relief que la vertu de bonté du monarque ; où nos princes, que l'on pourroit appeler la populace des princes, seroient peut-être obscurs dans la classe obscure des citoyens! car il ne faut pas prendre pour le mérite d'un prince, ni la nullité qui se donne de l'importance avec un air de réflexion ou de mystère, qui peut être le masque de l'hypocrisie, comme le voile de la médiocrité, ni l'ambition qui recherche la faveur du peuple, ou le ressentiment qui se venge. Un prince qui n'a pas un caractère moral, dont il fait la base de sa grandeur réelle, ne me paroît qu'un jeu brillant du hasard dans l'ordre des naissances. Lorsque je ne le vois pas plus lié par le patriotisme à la chose publique, que le commun des citoyens, lorsque je me demande, qu'a-t-il fait? car il est homme public, & que je le juge dans ses rapports avec le gouvernement, & dans ses devoirs envers l'état ; si je le trouve immoral ; si je le vois au niveau du peuple par les passions, je le place au-dessous dans mon estime. Ce n'est plus qu'une plante parasite, que je ne dis pas qu'il faille retrancher du tronc, quoiqu'elle en épuise la sève, mais que l'on peut du moins se dispenser de cultiver & d'honorer. Il leur est si facile de faire du bien, & de faire ressortir leurs moindres vertus! Le peuple les exagère en même-temps qu'il a de l'indulgence pour leurs vices. Ils sont donc bien coupables, quand ils ont mérité la haine ou le mépris, & qu'ils n'ont pas même conservé l'illusion de leur rang!

Quand le père de Louis XVI, ce Dauphin que l'on a rapetissé, parce qu'il aimoit les Jésuites, fit voir à ses enfans les registres où sont consignées les naissances de Versailles, il leur donna une sublime leçon. On seroit tenté de croire que le Roi seul l'ait comprise, & que ceux qu'elle regardoit après lui l'aient ainsi interprétée : « Nous sommes nés princes, c'est-à-dire, pour satisfaire, aux dépens du peuple, & nos immenses besoins & nos plus immenses caprices, & nos fouveraines paffions. Nous fommes nés princes ; c'eft-à-dire, exempts de devoirs envers la fociété, & de fervices envers l'état. Nous fommes nés princes ; & notre rang, & les hommages, & les refpects, & le crédit & l'influence fur toutes chofes, ne nous diftingueroient pas affez ; il nous faut un fafte de fouverains, qui éclipfe même des rois ! & nous aurons nos cours, nos complaifans, nos intrigans, nos miniftres : & fi nos millions de revenu ne fuffifent pas, nous nous donnerons par fupplément des millions de dettes que payera l'état, ou dont les créanciers, les artifans même, attendront avec incertitude & défefpoir le tardif acquit. Nous mettrons un impôt fur la perverfité des miniftres : fi nous ne pouvons pas exiger en maîtres, nous pourrons du moins être des vampires myftérieux ou impunis.

Il faut être jufte, Louis XV eft le fauteur du fafte des Princes frères. Ce n'eft pas de l'âge où leurs maifons fe font formées que l'on doit les rendre comptables. Trompés par la flatterie, que l'on peut foupçonner d'avoir éloigné de leurs regards le fidelle tableau de leurs devoirs, ils ont peut-être été induits à croire qu'ils n'avoient que des jouiffances à épuifer, &, pour contre-poids, quelques chagrins de cour à éprouver, & à diffiper. (Il ne falloit pas un grand effort de raifon pour revenir de cette erreur) ; mais on fait qu'Anne d'Autriche, régente du royaume, n'avoit que trente-deux chevaux dans fes écuries, & que le marquis de Montefquiou a huit cens mille livres par an pour l'entretien de celles de Monfieur, encore eft-ce à forfait, c'eft-à-dire, que l'un & l'autre y trouvent leur compte.

Je ne veux point calomnier nos princes, mais ils ne peuvent fe diffimuler aujourd'hui leurs erreurs ou leur mécompte. Ils font trop élevés pour que mes penfées puiffent leur nuire, & l'équité les vengeroit affez, fi mes obfervations n'étoient pas auffi juftes qu'elles font pures (1). Galba, Othon, Vitellius, ne m'ont infpiré ni reconnoiffance, ni haine; mais la vérité, que j'aime plus qu'eux, les citera parmi les moteurs d'une révolution provoquée par le défordre. Ce feroit un malheur pour eux qu'ils priffent fon langage pour celui de la haine, & fa liberté pour la licence de l'outrage. J'écris avec l'aveu de ma confcience, fans paffion, dont tout motif eft loin de moi (2). Mais des Français ont au moins le droit de fe plaindre, lorfque les étrangers, dans leurs févères reproches, effayent de rapetiffer la nation, en lui imprimant la cenfure que méritent nos alteffes. En leur rappelant qu'ils ne font que des hommes (3), je les prierai de me pardonner de dire ce que je crois vrai, puifqu'il leur a été fi long-temps permis de dire & de faire ce qu'ils ont voulu. Qu'ils foient étonnés, indignés même, de fe trouver claffés dans le manuel de la raifon; il ne faut ni en être fur-

---

(1) *Mihi Galba, Otho, Vitellius, nec beneficio, nec injuriâ cogniti.* Tacite.

(2) Un libraire, nommé Berthier, qui n'ofoit imprimer la vie du cardinal de Richelieu, parce que l'auteur y parloit librement de la cour, s'adreffa à Anne d'Autriche, qui le raffura en ces termes : *Travaillez fans crainte, & faites tant de honte aux vices, qu'il ne refte que de la vertu en France.*

(3) J'imagine qu'ils n'en doutent plus, à moins qu'ils ne veuillent être comparés à ces dieux errans que l'Olympe exiloit quelquefois fur la terre.

pris, ni leur en vouloir, c'eſt le tort de leurs paſſions & de l'irritabilité de l'orgueil : c'eſt le crime
de ceux qui les ont corrompus. Bientôt ils deſcen-
dront auſſi dans la balance commune de la loi.

La volonté du monarque étant auſſi abſolue, &
paſſant par tant de mains, étant aſſaillie par tant
de paſſions, il n'eſt point ſurprenant que la diſſi-
pation fût une des premières à s'en emparer. C'eſt
la plus funeſte aux états ; elle commande le crime
même aux rois bons. L'abbé de Mably, en parlant
des vices des empires, obſerve qu'il y en a de
féconds, & qui ſervent, pour ainſi dire, de ma-
trice & de foyer à la corruption. « A leur tête,
» dit-il, eſt ce vice, dont je ne ſais pas le nom ;
» monſtre à deux corps, compoſé d'avarice & de
» prodigalité, qui ne ſe laſſe jamais d'acquérir ni
» de diſſiper, & dont les beſoins toujours renaiſſans
» & toujours inſatiables, ne ſe refuſent à aucune
» injuſtice ».

C'eſt ce vice ou ce monſtre ſi bien défini qui a
avili notre gouvernement, qui a établi l'infame &
incalculable impôt de la vénalité. Vers la fin du
dernier règne, M. Q.... fut chargé de dreſſer
un état de toutes les charges & emplois créés pour
avoir de l'argent. Il y a travaillé trois ans avec des
commis, ſans pouvoir en venir à bout. Mais il eſt
convenu qu'elles montoient à plus de trois cens
mille. Le revenu de ces charges eſt un impôt direct
ou indirect, payé par le peuple.

J'ai ouï aſſurer que M. de Briſſac avoit hérité
de vingt charges de mouleurs de bois, & que M.
de Molé en avoit trouvé dans la ſucceſſion de
Samuel Bernard, environ ſoixante ſur la marée ;
de ſorte qu'en achetant pour 100 livres de cette

denrée,

denrée, on en payoit 30 pour la finance de ces charges, & le profit des fermiers qui les exerçoient. Ajoutons à ces innombrables & odieux impôts fubalternes, & au tableau du défordre univerfel efquiffé plus haut, toutes les tyranniques fervitudes & redevances de la féodalité, depuis les lods & ventes jufqu'aux moulins & aux fours exclufifs, & nous concevrons qu'il étoit dans l'ordre infaillible de la plus lente juftice que la révolution fe fît enfin ; que fon époque devoit être celle où toutes les parties de la nation fatiguées par l'oppreffion & par le luxe, où le peuple preffé de toutes parts par l'aiguillon douloureux de la mifère & de l'injuftice, qui révolte d'autant plus que le reffentiment en a été plus long-temps contenu, s'agiteroit pour trouver une fituation moins aigüe.

En effet, de quelque côté que nous vouluffions envifager le gouvernement, il falloit gémir ou s'indigner. Toute la fociété fouffroit de la révoltante pullulation d'anoblis, que l'on voyoit fe pavaner au fortir de leur roture, comme le papillon naiffant, avant de devenir habitant de l'air, *fretille* fur fa dépouille d'infecte. Quoique le parchemin, que nos princes auffi immoraux qu'indécemment avides, leur donnoient au prix de foixante, cent vingt mille livres, plus ou moins, ne fût plus guère qu'un permis vendu à la vanité impudente & méprifée, le nombre de ces déferteurs de la cafte commune étoit prodigieux. A n'en compter que cent par chaque année, c'étoit cinq mille familles opulentes, en cinquante ans, ajoutées aux familles privilégiées pour l'impôt. Mais comme on ne diminuoit pas en proportion le cadaftre de l'impofition, leur portion

C

étoit répartie fur la totalité, & le peuple outragé, par les anoblis, traînoit avec fon lourd fardeau celui qu'ils avoient laiffé au-deffous d'eux.

Il eft donc inconteftable que c'eft l'excès de nos maux qui nous a donné le courage d'y apporter re- mède. Les lumières de la raifon en ont hâté le mo- ment ; elles n'ont pas tout fait. Des peuples ont recouvré leurs droits avant le règne de la philofophie. Il ne faudra jamais que laffer la patience des oppri- més. La juftice éternelle, ou fi l'on veut, le long fupplice de l'injuftice affuroit la révolution préfente, qui ne pouvoit être qu'une févère vengeance, ou la pacifique opération de la philofophie. Il faut efpérer qu'elle y aura plus de part que les reffentimens, que les haines particulières des corporations & des opi- nions. Ce qui doit raffurer, c'eft qu'elle eft la ré- volution des ames & des efprits, & que cette cau- tion n'a été celle d'aucune autre révolution. Par-tout je vois le crime & l'ambition changer les états. Chez nous, le préjugé ne mérite même plus le nom d'ennemi ; ce n'eft plus qu'un obftacle : il foupire aujourd'hui plus qu'il ne tonne. Nous ne pouvons pas atteindre la perfection du premier jet ; mais fi nous fommes affez fages pour nous préferver de l'in- fluence des hommes pervers, qui n'ayant point de morale, ne peuvent être bons citoyens ; pour nous garantir de ceux qui trouvent un perfonnel intérêt dans le défordre ; fi nous faifons attention à la dif- tance qu'il y a des déclamateurs aux hommes d'état, & que nous réfléchiffions fur les maux que les fo- phiftes d'Athènes caufèrent à la patrie, quelle force nous repoufferoit loin du but ?

Que nous ferions petits, fi, dans le calme de la paix, avec des moyens auffi puiffans, avec auffi peu d'obſtacles réels, avec les leçons de tous les peuples & de tous les ſiècles, nous n'élevions pas un grand & ſolide édifice ! Qu'ils ſeront vils & déteſtés les ennemis du bien public ! & l'hiſtoire diſtinguera les vrais ennemis de ceux que des haines anciennes & des paſſions récentes & échauffées peuvent confondre : qu'ils ſeront déteſtés, lorſqu'elles les traduira avec leurs affreux motifs & leurs odieux moyens ! Ce n'eſt pas ici le lieu de diſtinguer le vrai patriotiſme de ce qu'une commune perſpicacité ſait n'être pas lui ; mais il faut dire & répéter au peuple & à ſes amis, que le deſpotiſme n'a qu'un frein, celui des lois. Vainement voudroit-on lui en donner un autre : la force qui ſe venge n'eſt qu'une convulſion. Le deſpotiſme, dit-on, empiète ſur les lois ! L'unique moyen de les garantir de cet immortel ennemi, c'eſt qu'elles ſoient bonnes & obéies. Tandis qu'elles ſeront inviolées, le deſpotiſme ſera réduit à ſon germe. Mais ſi le bonheur de l'état dépend de l'inviolabilité de la loi, il faut donc punir irrémiſſiblement toute infraction.

Il eſt facile aujourd'hui d'examiner, à des époques peu éloignées, la conduite des miniſtres des lois & des agens de l'autorité qui pourroient uſurper ſur elles : on peut faire de cette cenſure ſacrée une loi nationale, & d'une époque à une autre, perſuader à tous les citoyens que les lois n'ont point été altérées, ou qu'elles ſont vengées & rétablies. Alors notre conſtitution & nos lois ſeront ſous une invincible ſauve-garde.

Les anciens peuples, au lieu de combattre ſur la première brèche faite à la loi, juſqu'à ce qu'ils en euſſent repouſſé le deſpotiſme & ſon cortége, la licence & la frénéſie des ſcélérats perturbateurs, ont laiſſé ſe former la chaîne d'abus qui commence néceſſairement à la première violation, pour ne s'arrêter qu'à l'anarchie du déſordre. Alors il faut qu'une nation ſoit conquiſe, s'il ſe trouve un conquérant qui veuille l'aſſervir, ou que les citoyens ſe détruiſent les uns les autres comme les ſoldats de Cadmus.

Les richeſſes corrompirent la Grèce ; elles effacèrent juſques dans Lacédémone l'héroïſme de la pauvreté, & le feu ſacré du patriotiſme qu'elle nourriſſoit. Les richeſſes commencèrent & conſommèrent la décadence de Rome ; en France, la vénalité & le fiſc ont avili le gouvernement, & en ont banni toute décence.

Il nous ſemble bien vil, ce ſénat Romain qui décerne à l'affranchi Pallas la préture & cent cinquante mille grands ſeſterces ; qui, ſur le refus que fit cet ancien eſclave, riche de plus de ſept millions, de la ſomme qui lui étoit offerte, le compare aux Fabricius, & conſacre à ſon déſintéreſſement un monument avec cette inſcription : *Le ſénat a décerné à Pallas les ornemens de la préture avec cent cinquante mille grands ſeſterces : il a refuſé l'argent, & s'eſt contenté des honneurs attachés à la préture.* « Mais nous avons vu de nos jours la municipalité de Paris faire bâtir & magnifiquement meubler un hôtel qui lui coûta plus d'un million, pour en gratifier M. de Saint-Florentin. C'étoit auſſi un hommage d'eſtime ; & la harangue qui fut prononcée en remettant à ce miniſtre les clefs de ſon nouveau palais, éclipſera, ſi l'hiſtoire la repréſente, l'infamie du monument érigé à Pallas.

Quand le gouvernement eſt ſans morale & ſans décence, comment la nation conſerveroit-elle des lois, la décence & des mœurs? On ne donnera de grandeur à la France qu'en les rétablissant : elles font le vrai *palladium* des empires. Nous avons bien des avantages fur l'antiquité , qui méconnut & outragea fouvent les droits de l'homme. La barbarie offre les excès de fes farouches & extrèmes vertus : la brillante civilifation, les excès de la corruption & de la licence. Sparte fut auftère envers tous les citoyens , & cruelle envers les Ilotes. Athènes eut des lois plus humaines ; mais le tyran Pififtrate s'empara de la république du vivant même de fon légiflateur Solon , & l'on fait ce qu'eft l'humanité à la tyrannie ! Jufques dans fes jeux , Rome étoit féroce. Aujourd'hui l'humanité eft mieux fentie. Les circonftances orageufes qui ont produit les révolutions modernes ont néceffité dans les conftitutions des vices qui font apperçus : venus après tant de fiècles d'erreur fur la vraie fcience du gouvernement , n'en ferions-nous ni plus fages , ni plus heureux ? Tant de ruines nous inftruifent ! tant de malheurs devroient nous éclairer ! N'eft-ce pas affez que l'homme difpute quelques momens de jouiffance à la foibleffe du premier âge, aux tumultueufes paffions qui le fuivent, aux douleurs & aux regrets au milieu defquels il finit ? faut il encore que le défordre public décuple les maux qui dévorent fa précaire exiftence ? Perfuadés de leurs befoins communs & de la réciprocité des devoirs , les hommes ne feront-ils jamais ce pacte de paix univerfelle qui armeroit toutes les vertus & la raifon contre les paffions qui attaquent l'ordre général ?

Puifque la fureur des conquêtes n'eft plus le plaifir des rois , & que la raifon a déployé fa confolante bannière ; puifque le monftre antique du préjugé a cédé , nous devrions tourner tous nos moyens vers la morale ; c'eſt l'éternelle amie des hommes , & la ſouveraine légiſlatrice du genre humain. Avec des lois & des mœurs nous ſerons heureux.

Il eſt néceſſaire de toucher à la religion, pour la lier au gouvernement , & lui reconquérir l'eſtime publique. Sa diſcipline peut être modifiée , & il faut qu'elle le ſoit pour revêtir ſes miniſtres de la conſidération qui leur manque & qu'ils ont perdue. La religion importe au bonheur des hommes & des états ; l'impie eſt mépriſable au tribunal de l'im-paſſible raiſon. Tout homme adorant Dieu , doit être, ſous ce point de vue, un objet d'eſtime pour ſes frères. Laiſſons, du reſte , à l'être ſuprême à juger la cauſe d'excluſion (1) , & que nos miniſ-tres réconciliés avec le genre humain , ne prêtent plus au ciel la haine qui n'appartient qu'aux paſ-ſions. Il faut une religion ; elle doit être reſpectée : ſes miniſtres doivent participer aux reſpects ; mais qu'ils ſoient utiles & moraux. C'eſt à nous à les mettre au niveau de la raiſon , à faire concorder tous leurs devoirs , & à les placer ſous l'empire univerſel de l'ordre public. Citons à ceux qui por-tent avec ſimplicité & bonne foi le joug de l'ha-bitude & du préjugé, ce vers ſi ſenſé de la Henriade.

« Changez avec l'état que le ciel a changé ».

Si nous écrivions les annales de nos deux der-niers rois & des miniſtères de leurs longs règnes ,

---

(1) « Il laiſſe au Dieu vivant , qui voit ce que nous
» ſommes ,
» Le ſoin que vous prenez de condamner les
» hommes ».   Volt.

on verroit plus en détail les vices de l'orgueil altérer
sous Louis XIV la loyauté de nos aïeux ; l'ambition
& le faste creuser l'abîme qui a dévoré la France ;
on reconnoîtroit quelques traces de grandeur jufques dans la prodigalité, & l'on ne pourroit s'empêcher de dire que Louis XIV eut du moins les
vices d'un roi.

Sous son succeffeur, on verroit le labyrinthe de
l'intrigue ; mais il n'y a point de fil pour s'y reconnoître. A chaque inftant on s'y perd, parce qu'il
devient le labyrinthe du crime, ou celui des plus
baffes paffions. La fange du libertinage infecte les
mœurs publiques. La diffolution paffe de la cour
dans la fociété ; le luxe & la licence paffent des
évêques & des grands bénéficiers jufqu'aux lévites :
en un mot, la corruption fe tranfvafe des rangs qui
entourent le trône aux rangs les plus prochains ,
de la capitale à tout l'empire. Le fanatifme fous
le premier, fous l'autre la licence fouillent le fanc-
tuaire. Après de plus vaftes tableaux , les réfultats
feroient les mêmes que ceux de l'introduction qu'on
vient de lire. Un jour, j'efpère que quelqu'ame
forte burinera ces deux règnes. C'eft dans la mé-
ditation , dans le calme, qu'un pareil ouvrage doit
s'élaborer. Il faut que le génie qui ofera l'exécuter
médite affez pour embraffer l'enfemble & fondre
toutes fes idées, pour donner la netteté au deffin
& la vigueur à l'expreffion ; mais il faut en même-
temps qu'il ne temporife pas affez pour que l'horreur du defpotifme s'éteigne. L'image du bonheur
public affoibliroit l'indignation dont il aura befoin.
C'eft dans le premier relâche de la tyrannie que
l'immortel Tacite vengea l'humanité & la vertu.

Cependant, comme le déficit eft la caufe la plus
connue de la déforganifation ; comme c'eft le be-

foin d'argent qui imagina la vénalité publique &
la vénalité fecrette, nous joindrons à notre travail
quelques détails relatifs aux finances. On a vu que
la révolution étoit indifpenfable ; mais comment
devoit-elle s'opérer ? Dans le défordre des élémens,
que deviendroit le vaiffeau de l'état ? qui comman-
deroit aux vents ? Les prétentions des miniftres,
de leurs fauteurs, de l'ariftocratie, & celles de la
juftice, de la raifon, de la nation, devoient fe
heurter avec violence. C'étoit fur-tout à cette régénération que convenoit l'adage, *Dimidium faéti qui
benè cœpit habet.* Nous allons tâcher de donner à
nos lecteurs l'ordre de la marche. L'hiftoire peindra
d'un autre pinceau ; nous ne voulons donner que
l'apperçu : *le temps n'eft pas venu encore de s'aban-
donner à fon courage & à fa confcience.*

Richelieu, ce miniftre tant vanté, fema dans
l'ame des courtifans un germe de corruption nouvelle. La dégradante fervitude fuccéda à la fran-
chife du règne de Henri IV. Tout ce que n'immola
pas l'audacieux vifir fut obligé de fe pròfterner à
fes pieds. Pour être à la cour, pour obtenir des
grâces ou la juftice, il fallut prendre le maintien
& le ftyle d'efclaves. Les grands furent affujetis au
joug de fer ; mais l'orgueil defpote du miniftre
dominoit Louis XIII lui-même, & Richelieu étoit
roi. Il voulut affervir jufqu'au génie. C'eft lui qui
perfuada aux rois qu'ils pouvoient ofer tout ce
qu'ils pouvoient exécuter. Cette déteftable leçon égara
Louis XIV.

L'intrigant & avare Mazarin n'étoit pas propre à
réparer le mal. Il n'avoit pas, comme Richelieu, les
vices d'un grand caractère, mais les baffes paffions
d'une ame fauffe & avide. Il vexa le peuple, l'ac-

cabla

cabla d'impôts, accumula des tréfors & éleva fa famille ; enfin, fon miniftère fut une époque de cala-
mité & de troubles inteftins, toujours motivés du
prétexte banal du bien public.

Deux paffions funeftes aux peuples dominèrent
Louis XIV, le fafte & l'ambition. La première obli-
gea les courtifans à d'énormes dépenfes, & les con-
duifit à s'avilir pour y fuffire. L'intrigue multiplia
fes refforts pour avoir de l'argent, & devint moins
fcrupuleufe fur le choix des moyens ; la protection
fe paya ; la nobleffe permit aux traitans d'acheter
des époux qui mépriferoient les filles & les pères.
Cependant on ne pouffoit pas encore les reffources
jufqu'à ruiner fans fcrupule les fourniffeurs & les ou-
vriers. Si Louis XIV n'avoit eu que cette paffion, il fe
la feroit fait pardonner, parce qu'on trouve quelque
chofe de grand jufques dans fes prodigalités. Mais la
prétention de dicter des lois à l'Europe foumife, &
de la courber au joug, le voua à des guerres intermi-
nables. De fes orgueilleux triomphes naiffoit le germe de la vengeance ; & de fes revers, l'efpoir d'être
enfin vengé. Le luxe de fa cour, la magnificence
de fes bâtimens en tout genre, les travaux exécutés
à Breft, à Toulon, à Rochefort, à Dunkerque,
étoient déjà plus que fuffifans pour deffécher le tréfor
royal : l'entretien de fes armées épuifa le royaume.

Mazarin avoit adminiftré arbitrairement ; les troubles & les guerres qui défolèrent la France, pendant
la minorité de Louis XIV, lui avoient donné la facilité de s'enrichir au point de faire défirer fon alliance
par des princes. Ceux qui adminiftroient fous lui
avoient volé comme lui, dans la proportion de leur
faveur & de leurs places ; en forte que Colbert trouva,
en 1661, les finances dans un défordre effrayant. Il

D

commença par reconnoître les revenus & les dettes de l'état pour établir un meilleur ordre dans l'administration des finances, & il réussit à rendre son travail si simple & si clair, qu'il étoit à la portée du Roi, qui écrivoit chaque mois, de sa propre main, le montant de la recette & de la dépense, & la balance de l'une avec l'autre. En 1662, il trouva que les dettes en anticipations, en emprunts sur les receveurs-généraux, & les aliénations, montoient à quatre cents cinquante-un millions 354,033 livres. Pendant son administration, il paya non-seulement ces dettes, mais il augmenta successivement tous les revenus publics, supprima une infinité de charges onéreuses à l'état & au peuple, diminua le nombre des privilèges, fit des remises sur les tailles, le sel, les aides, réduisit les charges à vingt-trois millions trois cents soixante-quinze-mille deux cents soixante-quatorze livres ; elles montoient, en 1661, à cinquante-deux millions 377,184 livres. Il porta les revenus, qui ne s'élevoient, à la même époque de 1661, qu'à quatre-vingt-quatre millions deux cents quelques mille livres, à cent seize millions cinquante-trois 374 livres. Le trésor royal n'avoit pas trente-deux millions de revenus quand il prit les finances : en 1683, il en avoit plus de quatre-vingt-douze. Malgré ses économies, ce grand administrateur encourageoit les sciences, le commerce & l'industrie, & les faisoit tous fleurir. Son principe étoit celui de Sully, c'est-à-dire, de consulter l'intérêt du Roi & celui des Sujets. Leurs successeurs n'ont été guidés que par le besoin d'argent, & la nécessité d'en trouver pour rester en place.

C'est à Colbert que la France doit les puissantes ressources qui lui restent pour se réparer ; savoir, ses

‹ 27 ›

grandes manufactures de Lyon, de Tours, de Nif-
mes, celles de Varohais, Sédan, Louviers & El-
beuf, celle des Gobelins & des glaces. Mais la ré-
vocation de l'édit de Nantes & la perfécution des
proteftans nous firent perdre une partie des fruits
du génie de Colbert. L'auteur de l'excellent poëme
que l'académie françaife a couronné cette année,
appelle ce fanatique délire *la grande erreur du fiècle
de la gloire*. L'expreffion eft belle & parfaitement
jufte en politique. Mais quand on penfe aux drago-
nades, aux affaffinats pieufement commandés dans les
Cévennes, aux cachots remplis de victimes gémiffan-
tes, à tous ces honnêtes citoyens eftimés pour leurs
mœurs, leur probité & leur induftrie, égorgés, em-
prifonnés, dépouillés, perfécutés ou profcrits, fans
diftinction de fexe ni d'age; c'eft en morale l'atten-
tat du defpotifme, de la barbarie & du fanatifme le
plus affreux, qui, au fcandale de l'humanité, a désho-
noré le gouvernement Français au milieu d'un fiècle
de génie : le nord de l'Europe s'enrichit de nos per-
tes, il recueillit avec empreffement cent mille fugi-
tifs opulens ou induftrieux, avec leurs arts, leur or,
& leur haine pour la France.

Les fucceffeurs de Colbert, au lieu d'éteindre, à
fon exemple, des rentes & des offices à gages, en
créèrent fans mefure, puifqu'en 1715 ils avoient chargé
l'état de plus de 73 millions de rentes. Leur incapacité & les défaftres de la vieilleffe de Louis XIV
mirent le royaume à deux doigts de fa perte. A la
mort de ce prince, il étoit endetté de quatre milliards,
encore eft-on étonné que la dette ne foit pas plus
énorme, quand on compare les dépenfes en tous
genres, & tous les revers de fon règne, avec la mo-
dicité de fes revenus. Pour le concevoir, il faut con-

venir que Colbert a trouvé d'immenses reſſources dans ſes opérations, & ſur-tout dans le commerce qu'il ouvrit avec les quatre parties du monde.

Si l'on vouloit avoir en raccourci le tableau du long règne de Louis XIV, par rapport à l'adminiſtration, on pourroit le diviſer en trois époques, qui donneroient des réſultats bien différens. Le miniſtère de Mazarin ſeroit celui du déſordre & de la friponnerie ; le temps de Colbert, celui de l'ordre & de l'activité ; ſes ſucceſſeurs, juſqu'à la mort du Roi, compoſeroient l'époque des expédiens ruineux, époque qui s'eſt prolongée juſqu'à nous.

Ce ne fut qu'après la mort de Louis XIV, que la plaie publique fut bien connue. Ce monarque qui en avoit impoſé à la fortune, & qui avoit ſoutenu en grand homme ſes revers les plus accablans, maſquoit d'un fantôme de grandeur les accès de l'abîme. Mais qu'il parut profond, quand nous n'eûmes plus que ſa mémoire à admirer ou à cenſurer ; que nous nous vîmes réduits à un foible enfant, dont la vie donnoit plus de craintes que d'eſpérances, & que nous éprouvâmes les terreurs qui précèdent la guerre civile ! Si le teſtament du feu Roi n'avoit pas été caſſé, que ſeroit devenu le vaiſſeau de l'état ſous la main impuiſſante du duc du Maine ? Nous fûmes heureux d'avoir le génie du duc d'Orléans ; car ſi ce pilote n'avoit pas la caution raſſurante de la vertu, il avoit celle des talens. Il corrompit les mœurs, mais il ſauva le royaume, & entrepit le hardi projet d'éviter le déshonneur d'une banqueroute preſqu'évidente. Tout autre qui auroit eu moins de génie que lui & un caractère moins grand, n'en auroit pas même conçu l'eſpoir. Mais les grands moyens & la corruption de ce prince

forment dans l'hiſtoire un de ces contraſtes extraor-
dinaires qui étonnent.

Comme l'objet que nous nous propoſons eſt d'ex-
poſer rapidement les principes du déſordre des finances & de l'adminiſtration, & non de promener le
lecteur dans une galerie de portraits ou dans le labyrinthe de l'intrigue ; nous continuerons d'obſerver
avec la même méthode les principaux moteurs & les
cauſes principales, ſans nous arrêter à approfondir
le caractère & la politique du régent, ſans égarer
l'attention, ſur les objets & les perſonnages ſecon-
daires qui ſe trouvent liés aux évènemens, mais qui
ne les ont pas déterminés.

Le régent, voulant donc opérer une liquidation
à peine poſſible, avoit beſoin de moyens plus
qu'ordinaires. C'eſt pourquoi il ſaiſit avec avidité
le ſyſtème captieux de l'Ecoſſais Law, au moyen
duquel on devoit ſatisfaire aux engagemens publics
avec des billets, & ſe rembourſer ſur les immenſes
profits que produiroit la découverte de la Louiſiane,
du Miſſiſſipi, &c. Malheureuſement ces bénéfices
étoient fantaſtiques. Cependant d'après ces ſpécula-
tions, on établit en 1716 une banque, dont le prix
des actions étoient hypothéqué ſur les produits &
bénéfices du commerce de la Louiſiane. Cette banque ſe chargea encore du commerce du Sénégal ; elle
acquit le privilège de l'ancienne compagnie des In-
des, fondée par Colbert, & prit les fermes géné-
rales. On courut avec fureur acheter des actions
qui ſembloient porter ſur d'auſſi vaſtes fondemens.
Elles montèrent, dix, vingt fois peut-être au-deſſus de
leur première valeur. Les plus grandes fortunes furent bouleverſées, & des agioteurs, des intriguans
en firent d'immenſes dans l'eſpace de quelques mois.

Law, enivré de l'ivreffe publique, créa tant de billets, qu'en 1719 la valeur chimérique des actions valoit quatre-vingt fois tout l'argent qui pouvoit circuler dans le royaume. On rembourfa en papier les rentiers de l'état. En foutenant le taux des dividendes, l'illufion fe foutint quelque temps encore. Mais le régent, emporté malgré lui, par le mouvement rapide d'une machine auffi grande que compliquée, ne put empêcher le mafque de tomber, & le crédit tomba tout d'un coup avec lui. Le duc d'Orléans voulut envain le relever par des arrêts qui l'anéantirent : il fallut fufpendre les paiemens. Les porteurs de billets devinrent créanciers de l'état, & l'on fut obligé de réduire l'intérêt au centième denier de la primitive valeur (1).

A la majorité du roi, le gouvernement, déchargé de l'énormité du fardeau de la dette, & dirigé par la main timide & pacifique du cardinal de Fleury, fe montra avec fplendeur. Les trente premières années de ce règne furent brillantes & heureufes. Mais les miniftères de Machault & de d'Argenfon furent les derniers de cette époque. Tout-à-coup Louis XV devint voluptueux, infouciant, crapuleux. Il ne lui refta plus qu'un inftinct de bonté, dont on voit encore quelques traces, fouvent équivoques, dans fes dernières années, long opprobre d'un trop long règne. Mais cet inftinct étoit toujours prêt à céder aux moindres paffions.

---

(1) Voltaire a dit de cette banque qu'elle étoit trop compliquée, & que, réduite à de juftes bornes, elle eût été utile.

Law avoit propofé fon projet au roi de Sardaigne Victor-Amédée, qui répondit qu'il n'étoit pas un affez puiffant roi pour fe ruiner.

Ses miniſtres & ſes maîtreſſes ſe le partagèrent, ou plutôt la Pompadour & la du Barri s'en emparèrent, & ne permirent aux miniſtres que le crédit qu'elles voulurent. La première ſur-tout nommoit les généraux de terre & de mer, répandoit les grâces & les diſgrâces militaires, nous faiſoit perdre ou manquer la victoire (1). L'une & l'autre

____

(1) On peut & l'on doit regarder la diſſolution du roi comme une des principales cauſes de la déprédation des finances. On a évalué à un milliard ce qu'il en a coûté à l'état, tant pour les maîtreſſes en chef, que pour celles qu'il falloit dédommager de l'humiliation de n'être point agréées, celles qui ne jouiſſoient que de la faveur du moment, pour les entremetteurs & le ſort des enfans ; mais qui peut calculer ces myſtères ? Auſſi le parlement de Paris remontra-t-il au roi que ſous Louis XIV les bons non motivés ne s'étoient jamais élevés à plus de dix millions, & que les ſiens paſſoient déjà cent. Mais quand on pourroit pardonner à la foibleſſe humaine cette ſcandaleuſe dilapidation, qui ne ſe reparoit qu'en preſſurant les peuples, quel Français pardonneroit l'excès d'aviliſſement de la nation ? Quel Français verroit ſans indignation les noms les plus honorés, les princes même, aux pieds de deux femmes perdues, dont une fut le tyran, l'autre l'opprobre d'un règne, & juſqu'aux enfans de France forcés de les voir, & d'avoir au moins des égards pour elles ? Preſqu'aſſiſes ſur le trône, elles en tinrent toutes les rênes. Le tréſor public étoit ouvert à leur avidité, & l'on établiſſoit de nouveaux impôts pour ſatisfaire leurs fantaiſies. Le frère de madame Pompadour diſoit bonnement que ſon mouchoir ne pouvoit pas tomber dans les galeries de Verſailles, que des cordons bleus ne ſe diſputaſſent de zèle pour le ramaſſer ; le chancelier Meaupou, après s'être rendu le jouet de madame du Barri & de ſon petit nègre, pouſſoit l'infamie juſqu'à s'en dire parent, & appeloit couſine une proſtituée qui ne fit les délices du monarque qu'après avoir aſſouvi la lubricité publique. Quelle infamie dans le roi ! quel aviliſſement dans ſa cour !

dévorèrent l'état : l'une & l'autre elles s'affocièrent un miniftre ambitieux qu'elles rendirent puiffant pour s'en faire un agent journalier , & un appui au befoin. On diftingua dans leur faveur le caractère de ces deux femmes , qui ne font pas également viles , mais que nous devons exécrer également pour le mal qu'elles nous ont fait. Le duc de Choifeuil avoit conquis le roi & madame de Pompadour , & les avoit foumis à fon afcendant. Il faifoit tout pour la favorite , fans paroître fonger à fes propres intérêts. Entre madame du Barri & M. d'Aiguillon , on voyoit, au premier coup-d'œil , le befoin qu'ils avoient l'un de l'autre : c'étoit la coalition de l'intrigue & de la baffeffe pour un intérêt commun.

Cependant M. de Choifeuil , quoique doué d'une certaine élévation & d'un caractère plus franc, mérite plus l'animadverfion de l'hiftoire. Pour ne point parler de fa hauteur infoutenable, qui eft un vice perfonnel (1) , il fera cité comme un des corrupteurs de fon maître , toujours aux aguêts avec Richelieu , pour étouffer les remords qui auroient pu le rendre à fes devoirs. Il fut dans une telle faveur, qu'il pouvoit tout ce qu'il vouloit, & l'opinion publique lui fait au moins partager tous les reproches que mérita Louis XV pendant fon miniftère. Il a vanté les réductions qu'il avoit faites dans fes départemens. Mais c'eft d'abord l'effet naturel de la réunion ; car

____

(1) On cite un acte d'impudence , peut-être unique , qui caractérife le duc de Choifeuil. Quand il reçut l'ordre de fe rendre à Chanteloup, il emporta dans fon exil les portraits du roi & de la reine, qui décoroient fon appartement de Verfailles, mais il laiffa ceux du dauphin & de la dauphine.

un même homme repréfentant trois miniftres, peut, fans beaucoup de mérite, porter en économie ce que l'envie de fe diftinguer dans fon département fait demander au-deffus du néceffaire au miniftre qui n'en gère qu'un. Quand on pafferoit ces économies, feront-elles comparables à fa diffipation reconnue, aux augmentations de dépenfes faites par lui ? Ne fait-on pas qu'il donnoit de toutes mains ? Pour réparer le tréfor royal qu'il aidoit à épuifer, fans être fripon, il réduifit les provinces à la mifère en accaparant tous les bleds, pour en faire le commerce exclufif au nom du Roi (1). M. de Choifeuil montra quelquefois les talens d'un homme d'état ; mais il ne fervit jamais que les paffions du Roi, les fantaifies de la Sultane, & fon perfonnel amour-propre. Il fut le favori, le Miniftre de Louis XV ; & jamais le ferviteur de l'état : il avoit des talens rares, le ton tranchant qui les fait reffortir, point de génie & moins encore de vertu.

Après la paix de 1762, l'abbé Terray, homme d'un caractère ferme, mais dur, fans mœurs & fans confcience, ne pouvant avoir d'argent, en vola au nom du Roi : il ruina tous les citoyens qui avoient fourni aux frais de la guerre, en réduifant à deux & demi pour cent les intérêts de leurs créances, foit fur les fermes, les colonies, les pays d'états, billets, &c. Tout le monde fait combien le gouvernement & le miniftre de ces exactions devinrent odieux. Le produit en fut bientôt dévoré. C'étoit une foible pluie d'or, il en auroit fallu un fleuve. Cette opération

______

(1) Dans l'almanach royal de 1774, on ofa placer au rang des officiers de finances chargés des deniers royaux, le fieur Mirlavaud, en qualité *de tréforier des grains* au nom de fa majefté.

attesta l'épuisement d'un royaume pressuré en mille manières depuis un siècle, & la corruption de ceux qui gouvernoient.

La nation étoit fatiguée de ses tyrans, & du mépris que lui arrachoit un Roi qu'elle avoit adoré. Mais elle ne connoissoit pas encore ses droits. Le despotisme du chancelier Maupeou envers le parlement fit penser à l'abus du despotisme, aux droits des peuples, à ceux des souverains. Il s'éleva entre le Roi & les parlemens une controverse de pouvoir qui servit la raison.

Le marquis d'Argenson avoit eu le courage de dire la vérité dans ses Considérations sur les gouvernemens. Montesquieu l'avoit assaisonnée de sel & d'énergie (1) : J. J. Rousseau avoit discuté avec éloquence & sagacité le pouvoir des Rois & les droits des hommes ; Raynal, armé d'une plume de fer, attaquoit la tyrannie ; Voltaire plaisantoit, ridiculisoit, philosophoit & éclairoit ; en un mot, la révolution de la philosophie s'achevoit. Le mal étoit trop grand pour que nous tardassions à en éprouver les effets.

Enfin, Louis XV mourut d'une manière digne de son avilissement, & la France soulagée vouloit donner à son successeur le surnom de *Louis-le-Désiré* (2). Louis XVI ne pouvoit accepter un nom

______

(1) On ne prétend pas comprendre dans cet éloge les erreurs de ce grand homme sur les corporations. Il eut le malheur d'être noble & parlementaire.

(2) Le mépris pour le feu roi alloit presque jusqu'à l'exécration. Après sa mort on cita des anecdotes qui sont du moins toutes assez probables pour être crues, si elles ne sont pas vraies ; dès-lors elles deviennent de cruelles sen-

qui étoit la plus jufte & la plus flétriffante vengeance que l'on pût attacher à la mémoire de fon grand-père.

Avant de paffer au règne actuel, examinons cette bonté de Louis XV, que l'on a tant vantée, & qu'on a été jufqu'à balancer avec fes vices. Nous verrons, dans un efpace de plus de vingt ans, quelques fignes de fenfibilité, fouvent équivoques, des expreffions de bonté placées à propos, de rares & de foibles remords ; fenfibilité, bonté, remords qui cédoient aux plus groffières paffions ; & je demande fi c'étoient des vertus ? Il étoit Roi ; il favoit que Louis XIV avoit obéré la France : il croyoit à la providence, & croyoit auffi qu'elle l'avoit préfervé au milieu des débris de fa famille & des dangers de la régence : fes peuples l'avoient aimé jufqu'au fanatifme de l'amour ; & fes devoirs qu'il connoiffoit, la religion dont il redoutoit les menaces, l'opinion de l'univers qu'il n'ignoroit pas, la haine de fes fujets qu'il favoit

---

tences. Un homme ivre, que l'on vouloit faire fortir du cabaret, fous le prétexte de voir paffer le convoi du roi, répondit dans fon ftyle : *Ce B... nous a fait mourir de faim pendant fa vie, il nous feroit encore mourir de foif après fa mort !...*

On attribue auffi à un général de Sainte - Geneviève, que l'on plaifantoit fur l'inefficacité de la chaffe vénérée, cette réponfe : *De quoi vous plaignez-vous ? n'eft - il pas mort ?*

Enfin, le jour même qu'il ceffa de vivre, on afficha dans le parc de Verfailles une déclaration portant continuation de nouveaux droits, avec cette infcription : *C'eft ainfi qu'en partant je vous fais mes adieux.* Leçons terribles pour les fouverains, & qui les avertit que l'auftère vérité ne tremblera plus devant leur cendre, puifque l'outrageante raillerie ofe lui infulter avant même qu'elle foit refroidie.

mériter, ne purent tenir contre l'empire de la crapule ; & je demande où font les indices d'une ame vulgairement honnête ? Il accabla fon peuple, enrichit & décora le vice ; perdit les mœurs, avilit fon fceptre ; & je demande fous quel rapport on a pu le louer ? Qu'auroit fait de plus un prince méchant ? Nous en étions venus à un tel degré de corruption & de flatterie, que nous lui favions gré de n'être pas atroce comme Tibère, ou monftrueux comme Néron. Mais quel Roi fit jamais plus de mal aux Français ? & ils l'avoient nommé leur bien-aimé. . . . Si l'ingratitude eft déteftable, à quel point celle d'un Roi, de Louis XV fur-tout, doit-elle être déteftée ? Si tant de motifs puiffans fur une ame honnête ne purent le ramener à fes devoirs, on ne peut lui accorder aucune bonne qualité : s'ils ne purent le rendre à la vertu, il appartenoit effentiellement aux vices ; il en eut fouvent la baffeffe, & n'eut jamais l'énergie des paffions.

Après fa mort, un Roi de vingt ans, avec peu de moyens & une éducation négligée, prit les rênes du gouvernement. Il avoit heureufement les qualités de l'ame qui manquoient à fon grand père ; il avoit vu de près l'infamie des dernières années de Louis XV, il avoit reçu de grandes leçons, & pour notre bonheur, il étoit le plus honnête homme de fon royaume. Quel genre de bien lui a-t-on montré qu'il n'ait pas voulu faire ? Les privations ne lui ont rien coûté. Mille fois il a fait le facrifice dont on doit favoir le plus de gré à un Roi, celui de l'autorité & de l'amour-propre. Il a été trompé ! Eh ! qui ne le feroit pas fur le trône ? On commence par donner aux princes de fauffes idées de leurs droits & de ceux des peuples ; auffi-tôt qu'ils règnent, les erreurs de faits se joignent aux erreurs de princi-pes ; les passions les circonviennent, & se combinent pour les tromper. Il faudroit une perspicacité plus qu'humaine pour éviter leurs pièges. On se servoit des passions de Louis XIV pour l'égarer, des vices de Louis XV pour le perdre ; on a séduit Louis XVI par ses vertus franches & simples. Bon parent, bon ami, bon Roi, mais parent & ami trop cré-dule, Roi trop foible ; il pourroit dire à ceux qui l'ont environné : *Perfides, vous avez abusé des plus purs sentimens d'un prince, pour faire mon malheur & celui de mes peuples ! On ne peut exiger d'un Roi que des vertus. Avec le génie il feroit de gran-des choses : mais le génie est un don du ciel ; & s'il étoit nécessaire aux Souverains pour être justes, la Divinité le leur accorderoit sans doute. D'ailleurs le génie est souvent plus près des passions qui pro-duisent de grands maux. Toutes les puissances de mon ame sont dévouées aux Français depuis seize ans, & ils n'ont pas cessé de gémir, & leurs maux se sont accrus ! Perfides, ils sont votre ouvrage ! Je vous dénonce à l'Eternel, qui vengera les peuples sur les Rois pervers, & sur ceux qui égarent les bons Rois !*

A son avènement au trone, le jeune Roi appela auprès de lui les hommes qu'on lui désigna pour les plus vertueux ou les plus habiles. Le comte de Maurepas devint son conseil intime, son tuteur. Ce choix étoit un malheur. Courtisan disgracié de la cour de Louis XV, mais corrompu, il n'avoit que le mérite d'astuce & d'intrigue. On crut appa-remment que, parce qu'il détestoit le feu Roi, son gouvernement & ses maîtresses, que parce qu'il établiroit un ordre de choses différent, il seroit ré-

générateur. Il s'empara de l'esprit de son royal pupille ; il fut égoïste & despote. Les affaires étrangères furent confiées à M. de Vergennes, qui avoit
montré des talens & de la sagesse en Suède & à
la Porte. Il avoit de la facilité en affaires , du crédit , & une réputation qui supplée quelquefois le
mérite qu'elle suppose ; mais il mourut au pied de
l'écueil qui auroit fixé sa gloire, ou rectifié l'opinion. On est fondé à croire qu'il seroit rentré dans
la classe commune, au-dessus de laquelle on l'élevoit ; peut-être même , ne lui fût-il resté que. le
mérite d'un premier commis laborieux & exercé (1).
Le comte de Muy , plus propre à faire un capucin
qu'un ministre , eut le département de la guerre,
parce qu'il étoit honnête homme ; & parce que
M. de Sartine étoit bon lieutenant de police , il fut
fait ministre de la marine , comme si c'eût été la
même chose de commander des mouchards , de
faire emprisonner à propos , de servir & d'exercer
le despotisme dans le mystère , ou de faire mouvoir
un des plus puissans ressorts d'un grand royaume , un

---

(1) On a reproché à M. de Vergennes le traité de commerce avec l'Angleterre, une fortune immense qui prouveroit que le service du roi lui auroit été infiniment fructueux , & d'avoir supplanté le colonel des gardes de la
Porte pour lui substituer son fils. Quant au premier chef,
l'arrêt est porté. Selon M. le baron de Cormeré , depuis plus
de deux ans , ce traité a diminué de plus de trente millions
annuels les bénéfices de notre balance de commerce. On a
beau dire qu'il finira par nous être avantageux ; le profit
n'est pas aussi certain que la perte ; & , dans les dispositions où étoit l'Angleterre , il étoit très-possible de faire
un traité de commerce qui offrît des avantages aux deux
nations.

reſſort qui agit & réagit ſur toute l'Europe. La maiſon du Roi & le département de Paris étoient échus
à M. de Malesherbes ; un ſemblable miniſtère **ne**
convenoit point à la rigide probité de ce magiſtrat.
Il le céda donc à M. Amelot, homme nul, **mais**
prêt à faire tout ce qu'on exigeroit de lui ; auſſi
ſon règne fut-il long. Il dura juſqu'à ce **que les**
auguſtes protections du baron de Breteuil eurent
beſoin de ce département. Perſonne n'étoit plus
fait pour cette place que le favori **ex-ambaſſa**-
deur de Vienne. Avec aſſez de mérite pour la remplir, des projets bien conçus pour l'embelliſſement
de Paris, & une eſtime raiſonnée des ſciences &
des arts, il y porta la hauteur d'un viſir ; de ſorte
que ſi le miniſtère, n'avoit pas été entaché de deſpotiſme, lui ſeul l'en auroit infeſté. Il ſe déshonora
ſur-tout par deux traits qui prouvent que rien ne
s'allie mieux avec la hauteur que la baſſeſſe, par
ſa conduite envers le cardinal de Rohan, & en ac-
cumulant les penſions dans les criſes de la plus
grande détreſſe des fiinances (1).

---

(1) Pour mieux apprécier l'avidité du baron de Breteuil,
il faut ſavoir qu'il eſt immenſément riche, & qu'il n'y a
pas de ſeigneur dont les affaires ſoient en meilleur état,
& la maiſon mieux ordonnée. Il faut enſuite examiner
les époques de ſes penſions, on verra qu'il ſembloit n'avoir
d'autre objet dans le miniſtère, que d'épier la prodigalité
de la faveur.

En 1783, ...	20,000 liv.
En 1788, d'une part, ...	20,000
Et d'autre part, ...	28,675
Joignons à cela	6,000
obtenues en 1783 ;	6,000
en 1788 ; &	11,054
en 1766 ; & nous aurons le total de	91,729 liv.

de revenu annuel ſur l'état.

Mais revenons: Louis XVI remit d'abord ses finances dans les mains de M. Turgot, intendant du Limousin, connu par une administration pure, vivifiante & heureuse. Il déploya dans le ministère une rare probité, des vues vastes & de grands moyens. Ses talens embrassoient toutes les branches d'une administration sage & productive. Il vouloit mettre de la simplicité dans l'impôt & dans sa perception, soulager les pauvres, faire fleurir l'agriculture, le commerce & les arts; mais il falloit s'exposer à déplaire pour opérer tant de prodiges; il déplut & se retira (1). Il eut pour successeur M. Clugny, ancien intendant des Colonies; administrateur borné, avare & intraitable. M. Necker, connu par son éloge de Colbert, & par son habileté dans la banque; fit entrevoir au vieux Maurepas la possibilité de créer du crédit & de se donner de l'aisance. Il fut nommé directeur général des finances. Ce nouveau ministre découvert de toute part à l'envie, annonçant un système nouveau & un peu de stoïcisme, dut avoir des prôneurs enthousiastes & des détracteurs frénétiques. Ses censeurs lui reprochent d'avoir établi la ressource illusoire & désastreuse des emprunts; d'avoir pris pour principe de son administration, qu'il faut à un état un crédit pécuniaire, comme à un banquier, & de n'avoir pas vu que le banquier s'enrichit d'un crédit qu'il a l'art de faire valoir à son profit, que les em-

____

(1) *Voyez* les mémoires sur M. Turgot, & ses ouvrages, seconde partie. Quoique l'auteur soit enthousiaste de son héros, on y trouve des faits & le détail de ses opérations, qui n'inspirent point la défiance que donne toujours le panégyrique.

prunts

prunts actifs du banquier augmentent sa fortune ;
tandis que les emprunts paffifs d'un gouvernement
le ruinent. Ils difent qu'il a tout foumis aux capi-
taliftes , qu'il a négligé l'agriculture. Ils l'accufent
d'ambition ; & prenant pour juge la difcuffion ou-
verte entre lui & M. de Calonne , ils le taxent d'avoir
trompé dans fon Compte rendu (1).

Les gens qui ne font fanatiques , ni en admiration , ni en blâme , difent qu'il falloit de l'argent
pour foutenir une guerre importante , que l'on pouvoit peut-être fe difpenfer d'entreprendre , mais pour
laquelle il ne falloit rien épargner , une fois commen-
cée. Ils difent que la néceffité étant auffi impérieufe ,
il ne reftoit que la voie d'emprunt ; car , outre qu'il
n'y avoit pas moyen d'accroître la maffe déjà infoutenable des impofitions , il étoit de toute impoffi-
bilité d'en établir qui puffent fuffire à l'urgence &
à l'étendue des befoins. Ils conviennent que M. Necker n'a pas autant de génie que fes admirateurs
l'ont cru ; mais qu'il a une grande capacité , la fcience
profonde de la finance , beaucoup de fagacité & de
fageffe. Ils reconnoiffent de la grandeur & de l'élé-

. (1) Il réfulte du compte-rendu , qu'en 1781 les revenus
de l'état excédoient de dix millions les dépenfes fixes. Mais
comme il exiftoit , à la mort de Louis XV , un vide de
vingt-cinq millions entre la recette & la dépenfe , il faudroit donc que M. Necker eût rembourfé , malgré la guerre ,
par fes feules économies & l'extenfion des revenus fifcaux ,
le capital de ces vingt-cinq millions de *deficit* ; ce qui , joint
aux dix millions d'excédent qu'il annonce , donneroit une
augmentation de trente-cinq millions de revenu. Cela paroît
difficile : M. de Calonne prétend , au contraire , qu'il exiftoit , en 1781 , un *deficit* confidérable.

F

ration dans fon caractère moral : cette bafe effentielle de la dignité d'un homme d'état avoit toujours
manqué à nos miniftres. Ils difent qu'il eft le feul,
depuis M. Turgot, qui ait obtenu de la confiance
chez l'étranger, & ils regardent cette raifon comme
péremptoire. On lui reproche l'ambition de la gloire :
Cicéron l'avoit auffi, & il fervit la république avec
intégrité & dévouement. Sans les dédommagemens
qu'elle donne , & l'efpoir qu'elle laiffe, difoit ce
grand homme , qui pourroit n'être pas découragé
au milieu des peines & des travaux ? Ne refufons
aucun des prix de la vertu à celui qui l'exerce péniblement dans les emplois publics. Il y auroit autant d'ingratitude que de dureté à faire un crime
à l'homme de mérite de fe trahir quelquefois par la
confcience de ce qu'il vaut. Etr'autres fervices, M.
Necker eft le premier qui nous ait rendu celui de
dévoiler le myftère impénétrable de l'adminiftration
des finances. Mais après avoir percé les nuages qui
les déroboient à l'examen, après avoir opéré des réformes à la cour, & des économies dans fon département , n'ayant à Verfailles d'appui contre l'intrigue
& les reffentimens, que l'eftime du Roi & quelques
amis, il fuccomba , en 1782 , dans cette lutte
inégale.

M. Joly-de-Fleury abandonna le fyftème des emprunts pour l'augmentation des impôts ; il retrancha
les fol, deux fols & quatre fols pour livre, dont
les impofitions étoient furchargées ; & , pour que
fa comptabilité fût plus productive & plus fimple,
il chargea indiftinctement tous les impôts de dix
fols pour livre de la valeur de leur primitive impofition. Il greva la ville de Paris de droits fur le fucre,
&c. & il fortit de place avec des penfions & du

mépris; de ces deux prix il y en avoit un du moins de mérité.

Un jeune homme, d'une honnêteté d'ame & d'une probité reconnues, M. d'Ormeſſon, donna, pendant quelques temps, des eſpérances qui étoient fondées ſur ces deux qualités. Il fut bientôt obligé, à ſon tour, de dépoſer un fardeau trop peſant. On lui reprocha de manquer d'énergie & de moyens; mais il emporta l'eſtime qui l'avoit toujours accompagné; & c'eſt le ſeul miniſtre des finances, depuis 1782, qui ait eu la réputation d'honnête-homme. Son brillant ſucceſſeur, avec tous les avantages de la ſupériorité, n'avoit pas celui de l'opinion publique. Nommé commiſſaire dans l'affaire de M. de la Chalotais, au lieu de l'impartialité d'un juge, il avoit ſervi l'acharnement des ennemis de ce courageux magiſtrat, uniquement pour ſervir la faveur. Mal famé d'ailleurs, il ne lui reſtoit de droits à la confiance que l'amabilité & les talens. Si nous étions plus moraux, nous regarderions comme un principe inviolable qu'un homme taré ne peut point adminiſtrer la choſe publique, de quelques talens qu'il ſoit doué; parce que les talens ne peuvent jamais ſuppléer la vertu dans un homme d'état. Mais il falloit des reſſources, il falloit un miniſtre qui en tirât de l'abîme, & ne ne s'en laiſſât point effrayer; on crut l'avoir trouvé dans M. de Calonne. En effet, rien n'étoit au-deſſus de ſes talens & de ſon audace; il plut au Roi & le ſubjugua par ſon mérite. Il plut par ſa prodigalité à ceux auxquels un ambitieux avoit principalement beſoin de plaire. Si les finances n'avoient jamais été auſſi délabrées, jamais miniſtre ne les avoient diſſipées plus facilement. Depuis le mois d'octobre 1776, juſqu'au mois de mai 1781 , M. Necker avoit emprunté cinq cents trente millions ; en deux ans son succeseur avoit emprunté plus de 300 millions : mais M. de Calonne les surpassa l'un & l'autre ; ses emprunts montèrent à plus de huit cents millions. Ainsi en dix ans l'état s'est chargé de la rente d'un capital d'un milliard six cents trente millions. Cependant , depuis la mort de Louis XV , les revenus publics sont parvenus , par une progression rapide , à une augmentation de cent trente millions (1). Comment , en supposant l'exactitude du Compte rendu , c'est-à-dire , dix millions d'excédent , & vingt-cinq millions de capitaux éteints , M. de Calonne a-t-il élevé le déficit en trois ans & quatre mois , à cent quarante millions (2) ? Cela paroîtroit inconcevable , si nous ne savions pas qu'indépendamment des charges de l'état , source primitive du déficit (3) , le trésor royal étoit ouvert à toutes les fantaisies , accessible à toutes les intrigues. On auroit dit que le ministre n'avoit été appelé que pour satisfaire l'insatiable besoin d'argent de quelques personnes, pour répandre des grâces & s'acheter des amis. Le scandaleux abus des pensions , n'eut plus de bornes. Quel tableau

---

(1) Remontrances du parlement de Paris , du 24 juillet 1787. Selon le tableau dressé par l'abbé Terray , les revenus de l'état devoient monter , pour l'année 1775 , jusqu'à 367 millions. M. Necker les porta à plus de 428 pour 1782.

(1) Taux auquel les notables l'ont évalué.

(1) M. Mallet , premier commis des finances , sous M. Desmaretz , a démontré que , dans l'espace de deux siècles , on a mis forcément sur les peuples plus de cent millions de levées nouvelles & perpétuelles pour remplir les engagemens dégages & de rentes auxquels a obligé la vénalité des charges. Nous en donnerons ailleurs la progression.

pour nos provinces épuisées, que cet immense énumération de vampires titrés, parmi lesquels on a peine à reconnoître quelques serviteurs de l'état, mais où l'on trouve en revanche beaucoup d'êtres diffamés & avilis ! La vertu & le mérite, pour être récompensés, étoient forcés de s'abaisser jusqu'à prendre les erremens de l'intrigue, & le vice étoit peut-être soldé ! Il y auroit de l'injustice à charger M. de Calonne seul de ce vrai crime d'état. Il fut le ministre complaisant des passions dominantes à la cour ; nous laissons à l'histoire le droit de distribuer l'opprobre, pour suivre la marche que nous nous sommes tracée.

La facilité des emprunts tenoit principalement à la confiance qu'inspiroit M. Necker. La nullité de ses successeurs & les dissipations de M. de Calonne devoient produire de contraires effets ; aussi les premiers emprunts ne rendant point ce qu'on en avoit attendu, il fallut en ouvrir de nouveaux à des conditions plus avantageuses pour le prêteur, jusqu'à ce que les engagemens devinrent enfin si onéreux, qu'il n'y eut plus moyen de déguiser l'impossibilité de les remplir. M. de Calonne, parvenu à cette extrémité, fit convoquer les notables ; il espéra en imposer par l'audace, & séduire par les ressources de l'esprit. Mais il ne tarda pas à s'appercevoir que les hommes rassemblés s'électrisent puissamment ; que la philosophie & la révolution d'Amérique avoient donné des prétentions nouvelles, & qu'il ne faut souvent qu'ouvrir une issue à l'énergie, pour qu'elle fasse une orageuse explosion. Il voulut reculer, il n'étoit plus temps ; il voulut dissoudre l'assemblée avec l'arme détestée du despotisme (les lettres de cachet). Mais rien ne pouvoit plus se surmonter l'opinion ; elle planoit déjà fur la force exécutrice, & annonçoit la puiffance qui crée les lois, qui brife en un inftant les entraves des antiques abus. Forcé de fe montrer fous plus d'afpects qu'il n'avoit cru, M. de Calonne ne put cacher le défaut de la cuiraffe; & les deux ordres privilégiés le regardant comme le plus dangereux ennemi de leurs priviléges, unirent leurs efforts pour le pouffer dans l'abîme qu'il avoit voulu cacher. Nous lui devons du moins l'idée de l'égalité de l'impôt & l'affemblée des notables.

S'il étoit facile de trouver un miniftre plus honnête homme que M. de Calonne, il ne l'étoit pas de lui donner un fucceffeur qui l'égalât en talens; & l'archevêque de Touloufe fur-tout qui n'avoit d'autre mérite que la préfomption de l'ambitieux, & les fauffes ardeurs de l'impuiffant, lui étoit inférieur jufqu'en probité. On avoit congédié les notables pour fe débarraffer de leur importune préfence; mais ils femèrent dans les provinces la plainte & le foupçon. Le nouveau miniftre avoit à peine produit un inftant d'illufion, que fes vues courtes, fes opérations mefquines, fa marche vague & inconféquente l'avoient détruite auffi-tôt. Il propofa au parlement les mêmes impôts que M. de Calonne avoit propofés aux notables, l'impôt territorial & celui du timbre; mais M. de Calonne, plus fin, avoit preffenti la réfiftance, tant en raifon de la haine que lui portoit ce corps depuis l'affaire de M. de la Chalotais, que par intérêt particulier : c'eft pourquoi il avoit tâché de féduire ou de perfuader les notables, pour forcer l'enregiftrement par l'autorité de leur opinion & de l'opinion publique. Les magiftrats, grevés par le premier impôt, profitèrent de l'odieux du fecond pour éluder l'équité

de celui qui auroit porté également sur toutes les
propriétés. Delà, ce combat d'ordres & de refus,
d'injonctions, de remontrances & d'arrêtés, qui
finit par l'exil du parlement de Paris à Troyes.

La nation étoit trop éclairée pour que le parlement renouvelât l'absurde prétention de tenir le roi
en tutelle, & de porter la main au gouvernail.
Pour cette fois, réduits à la seule vérité pour sortir
d'embarras, ils adoptèrent l'avis d'un conseiller (1),
qui leur représenta avec force qu'il étoit inutile de
circuiter insidieusement ; que la vérité de leur incompétence étoit apperçue & sentie ; qu'il falloit
se faire un mérite d'un aveu nécessaire. Ils confes-
sèrent donc n'avoir pas le droit de sanctionner l'impôt ; que ce droit appartenoit aux seuls états-généraux, qui avoient celui de le consentir, & ils en
demandèrent la prochaine convocation. Les ministres
furent entièrement déconcertés, & de l'étrange aveu
& de la demande dangereuse du parlement. En effet,
elle fut si vivement accueillie, répétée avec tant
d'enthousiasme, que le roi se vit obligé de l'accorder;
il s'y engagea par une solennelle promesse. Les
parlemens ont donc rendu un service réel à l'état ?
Ouï ; mais il s'en faut de beaucoup que leur gloire
soit pure : ils ne furent pas même pallier les motifs
déterminans de leur résistance & de l'aveu de leur
incompétence ; l'intérêt de corps & l'intérêt per-
sonnel percèrent de toute part. Cependant l'occa-
sion étoit belle pour se rendre chers à la nation,
& s'immortaliser dans ses fastes. La reconnoissance
publique auroit peut-être balancé la justice qui les

---

(1) M. d'Eprémesnil.

menace ; ils auroient au moins fauvé du naufrage
un titre de gloire que l'on n'eût pas contefté. Ainfi
le clergé , au lieu de fe porter conciliateur entre
la nobleffe & le tiers , lorfque le mouvement a
commencé , & de fe faire , par cette conduite de
paix analogue à fes devoirs , & par l'exemple du
définté.effement , un rempart d'eftime univerfelle ,
a préféré la morgue des prétentions & le diplôme
ufé des vieux abus. Ceux qui cenfurent la rapidité
de la révolution ne réfléchiffent pas que c'eft cette
même rapidité qui l'a affurée. Si le clergé , les
parlemens & la nobleffe avoient eu le temps de
prévoir & de prévenir le coup , s'ils avoient eu le
temps de s'armer de toutes pièces , & d'épuifer le
génie des *ambages* , que les deux premiers poffè-
dent fi parfaitement , la liberté nous eût peut-être
coûté cher. Mais à voir les écoles que les miniftres
& les corps privilégiés ont faites , & qui font de-
venues pour le peuple un complément de droit ,
on diroit que quelque Dieu ait anéanti leurs facultés naturelles , comme on voyoit aux champs
troyens les divinités protectrices des Grecs rendre
inutile la valeur des héros d'Ilion.

Quelque mince que foit le mérite intérieur des
parlemens , ils ont produit de grands effets. D'abord
ils ont averti la nation qu'elle avoit des droits puiffans à exercer , de longues réclamations à faire.
Dans leur querelle avec le miniftère , il n'y avoit
point de juges ; ils ont mis le peuple à portée de
l'être. Par leurs prétentions d'être partie effentielle
de la légiflation , ils fe font expofés à l'examen ;
& l'on a vu qu'ils avoient abufé du mot pour ufur-
per les droits & s'attribuer la puiffance des grands
parlemens , c'eft-à-dire , des états-généraux , quoi-

qu'en

qu'en 1484 , aux états tenus pendant la minorité de Charles VIII , le premier préſident la Vaquerie eût expreſſément déclaré au régent : *Que le parle-ment eſt pour rendre la juſtice au peuple ; que les finances , la guerre & le gouvernement du roi , ne ſont pas de ſon reſſort* (1). Le chancelier l'Hôpital penſoit de même ; & il regardoit leur ambition comme attentatoire aux droits de la nation. On a vu encore que les premières remontrances , ſous Louis XI , n'étoient , à proprement parler , que la réponſe à une conſultation , & qu'ils n'oſèrent s'arroger le droit de redreſſer les rois qu'après s'être *ſouverainiſés* dans le chaos d'un ſiècle entier de querelles , de barbarie , de fanatiſme & de maſſacres. On a vu , & l'on eſt perſuadé qu'ils n'ont montré d'énergie qu'autant que leurs prérogatives , leurs prétentions ou leurs intérêts ont été compromis. Ont-ils pourſuivi les crimes d'état dans les miniſtres déprédateurs ou fripons , dans les deſpotes ſubalternes qui commettoient , au nom de Louis

-----

(1) Comment donc le gouvernement du roi & ſes finances ſont-ils devenus du reſſort des parlemens ? C'eſt une queſtion que ſe fait l'auteur eſtimable de la correſpondance entre lord D * * * & lord T * * *, & à laquelle il eſt difficile de répondre. Il continue : Quel monument de notre hiſtoire annonce & établit ce droit ? Le tire-t-on de l'origine de la monarchie ? Mais les parlemens judiciaires n'ont exiſté que depuis la troiſième race. Philippe-Auguſte les créa ; Saint-Louis les rendit ſédentaires ; Philippe-le-Bel leur donna un nom & une forme déterminée ; Charles VIII les incorpora ; Louis XII les modifia : François I fit de leurs charges des propriétés , & Louis XV les ſupprima : mais aucun prince n'en fit ſes tuteurs & ſes adjoints. Le tire-t-on de l'uſage ? Mais l'uſage n'offre que les tentatives preſque toujours infructueuſes d'un corps qui veut s'agrandir ».

G

XV, toutes fortes d'horreurs ? Ont-ils préfervé, ou même effayé de préferver le peuple de l'oppreffive progreffion des impôts ? Selon l'auteur de l'Eloge de chancelier l'Hôpital, *ils ont corrompu ce qu'il y a de plus facré fur la terre, & le feul bien que les gouvernemens puiffent faire aux hommes, la juftice & les lois.*

Cependant le peuple, qui ne voit que les motifs apparens, avoit confervé pour cette vieille idole un refpect fanatique. Il regardoit les douze parlemens répandus dans le royaume comme autant d'égides qui protégeoient les citoyens & les propriétés. Mais ce même peuple ne voit auffi, dans la forêt qui couvre une montagne, qu'un ombrage majeftueux & tutélaire fous lequel il s'endort avec fécurité, quoique les racines de ces arbres qu'il vénère dégradent fourdement le fein de cette même montagne qui les porte, & le préparent à être déchiré par l'orage.

Le parlement de Paris avoit été exilé à Troyes pour avoir refufé d'enregiftrer les édits concernant les deux impôts dont nous avons parlé, & s'être déclaré incompétent ; il racheta fon retour en enregiftrant une prorogation de vingtièmes, c'eft-à-dire, par une contradiction & une lâcheté. Ceux qui ne l'avoient pas pénétré auparavant, eurent une donnée de plus pour juger fon héroïfme grimacier & fa réelle baffeffe.

Le miniftère crut la circonftance favorable pour établir une cour plénière impofante, qui lui donneroit les moyens de fe paffer des parlemens. Cette cour devoit être compofée des princes, des pairs, de maréchaux de France & de quelques magiftrats : c'eût été vraiment la cour plénière du defpotifme.

En même-temps le garde des sceaux Lamoignon
se vengeoit du parlement, en créant, dans chaque
généralité, des bailliages auxquels il donnoit des
pouvoirs très-étendus, tant au civil qu'au criminel.
Tous les parlemens firent une levée de bouclier
terrible ; ils se confédérèrent, & conclurent un
pacte de résistance, qu'ils sanctionnèrent d'un serment. Les ministres engagèrent le roi à tenir une
séance royale au parlement, sous le prétexte de
consulter ; mais en effet pour tâcher de faire en-
registrer ses édits. Pendant qu'on recueilloit des voix,
le garde des sceaux, s'appercevant que la majorité
ne seroit pas pour les projets ministériels, monta
au trône pour avertir le roi d'en faire cesser le ré-
colement, & de déclarer ses volontés ; ce qui fut
fait. Le duc d'Orléans, s'étant permis de demander
à sa majesté si c'étoit un lit de justice ou une séance
royale qu'elle entendoit tenir, & de protester contre
l'enregistrement, fut exilé (1), ainsi que deux autres
conseillers, MM. Freteau & Sabbatier de Cabres,
qui avoient parlé avec courage. Cette fausse démarche, par laquelle les ministres compromirent le
roi, prouva leur impéritie, & les couvrit de mépris. Ils se trouvèrent enferrés ; &, comme ils n'a-
voient ni assez de mérite, ni assez de vertu pour
sortir d'embarras, ou pour reculer, il ne leur resta

---

(1) La protestation du duc d'Orléans étoit ainsi conçue :
*Je supplie Votre Majesté de permettre que je dépose à
ses pieds, & dans le sein de la cour, la déclaration que
je regarde cet enregistrement comme illégal, & qu'il seroit nécessaire, pour la décharge des personnes qui sont
censées y avoir délibéré, d'y ajouter que c'est par ex-
près commandement du roi* ».

que les reſſources du deſpotiſme. Les magiſtrats &
les pairs continuèrent à s'aſſembler pour s'oppoſer
à l'établiſſement des grands bailliages. M. d'Epré-
meſnil électriſoit les têtes avec des étincelles vol-
caniques : il fit jurer, ſur une formule qu'il donna,
les pairs & les robins de ſe tenir unis. La rage des
miniſtres contre ce conſeiller & un autre de ſes
collègues n'eut plus de frein : ils firent inveſtir le
palais d'une armée, avec ordre d'uſer de toutes
les voies de la force pour les enlever. Les magiſtrats, réunis dans le ſanctuaire de la juſtice, ſont
menacés par le marquis d'Agoult de voir les ſapeurs
en briſer les portes. Il montre ſes ordres ; mais,
comme ils n'étoient que miniſtériels, on refuſe de les
reconnoître. Il fallut donc retourner à Verſailles,
éveiller le roi pour lui faire ſigner un ordre bien
contraire à ſa bonté naturelle ; &, vers les cinq
heures de la même nuit, les deux conſeillers furent
enfin enlevés.

Ce dernier acte de deſpotiſme étoit trop violent ;
il devoit paroître trop odieux à la nation, pour
que les deux miniſtres de qui il émanoit, conſer-
vaſſent leur place. Comme il ne leur reſtoit plus
ſur la terre de dédommagement que celui des richeſſes & des titres, on les en combla. M. de Lamoignon eut une groſſe penſion, & l'Archevêque
obtint tout ce qu'un roi de France peut donner,
afin de proportionner, autant qu'il étoit poſſible,
les grâces à l'infamie & à l'exécration publique.
Les créanciers de l'état, qui le croyoient à la veille
de conſommer la banqueroute, reſpirèrent d'eſpoir
& de conſolation. Ce miniſtre peſoit à tous les
Français ; on craignoit tout de lui, depuis qu'il
avoit décélé ſon incapacité radicale, parce qu'on

n'avoit jamais compté que fur fes talens. Je ne fais fi on lui a prêté des vices ; mais c'eft déjà un crime bien grand , que de réunir autant d'exécration à autant de mépris.

Le mal étoit tel, qu'il falloit pour les finances un homme qui fût riche de l'opinion publique , plutôt qu'un miniftre habile. Les facultés d'un feul homme auroient pu à peine mefurer l'abîme ; il falloit le concours de 25 millions d'hommes pour le combler. M. Necker fut rappelé , parce qu'il n'y avoit que lui qui eût un crédit perfonnel qui pût fervir d'une immenfe caution. Je veux qu'il n'ait ni l'infaillibilité ni la mefure gigantefque du génie ; mais l'efpérance a toujours été à côté de lui ; & l'on a bien peu de chofes à regretter & peu de reproches à craindre, quand on en impofe , par fon nom feul , à la France & à l'Europe entière , malgré de grands ennemis & les envieux.

La première chofe que fit M. Necker , fut d'obtenir la grâce des exilés , & de faire réitérer la promeffe de la très-prochaine convocation des Etats. Mais les parlemens demandoient qu'ils fuffent convoqués dans la même forme que ceux de 1614. C'étoit auffi le vœu de la nobleffe & du clergé , qui craignoient que le peuple ne foutînt par la force la juftice de fes droits. Mais tous les bons Français , quelques nobles même connus pour de bons citoyens , rejetèrent cette tyrannique prétention, qui tendoit à garantir les immunités , & à les fanctionner comme loi du royaume , qui outrageoit la juftice & enchaînoit la liberté des fuffrages. Dans ce conflit, où la raifon , le droit & la force étoient d'un côté, le defpotifme , l'orgueil & l'intérêt de l'autre, il étoit facile au miniftre de décider. Il crut plus fage de faire convoquer de nouveau les notables, pour leur préfenter le nœud. Les corps & les ordres l'emportèrent encore ; car de tous les bureaux, celui de Monfieur fut le feul qui vota pour que le tiers-état eût fes repréfentans en nombre égal aux deux premiers ordres. Cette délibération, qui fit autant d'honneur à Monfieur que les opinions connues du comte d'Artois en faifoient peu à ce dernier, fut celle que le Roi & fon miniftre adoptèrent. On crut que le peuple auroit dans le premier un ami, puiffant, un ferme foutien ; & les Français, qu'une bienveillance naturelle pour leurs princes a plus d'une fois féduits, ne purent réferver pour le temps des vraies épreuves, ni leur admiration, ni la flatterie. Dans la fingulière démarche que Monfieur vient de juger néceffaire pour prévenir les dangers de l'opinion publique, il a paru étonné qu'on fe foit permis de le foupçonner après les preuves qu'il a faites. Mais on pourroit lui répondre qu'il eft bien plus étonnant encore qu'il n'en ait pas donné de fi évidentes, que la calomnie & le foupçon ne puffent l'atteindre. Il eft entré au confeil avec le comte d'Artois, & le Roi a tenu au milieu de l'Affem-blée nationale une féance menaçante ; les mefures ont été prifes pour la diffoudre, peut-être même pour la vengeante ! Peu de jours après, on a in-fulté à la nation, en renvoyant les miniftres qui avoient fa confiance, & en les remplaçant par des hommes voués au defpotifme, comme leur nom l'étoit à la haine & au mépris. Le royaume enfin a été jeté dans les convulfions du défefpoir & de l'indignation : nous avons vu les préludes de la guerre civile, la couronne menacée ; & quelles preuves avons-nous du courage, du patriotifme, de la popularité de MONSIEUR ? A côté du trône des tyrans, il est permis de s'envelopper, parce qu'il est salutaire d'être nul; mais sous le meilleur des Rois, sous le Roi le plus dévoué au bonheur de ses Sujets, quel intérêt un prince peut-il avoir de se rendre impénétrable, quand il veut le bien? Il sembleroit donc que, si on ne peut pas imputer à MONSIEUR les évènemens que nous détestons & ceux qui nous ont menacés, il seroit au moins aussi injuste d'exiger que nous le regardassions comme l'ami de la révolution. Il a eu la bonté de nous dire qu'il avoit vu, dès les commencements, qu'une grande révolution se préparoit. L'a-t-il aidée? L'a-t-il contrariée? Est-il resté neutre pour observer la balance, & se décider pour le côté où elle pencheroit?

Mais cette seconde assemblée des notables avoit deux autres points essentiels à déterminer; savoir, dans quelles proportions territoriales, ou de district, on députeroit; & comment voteroient les députés. Si on députoit suivant l'ancien cadastre des élections, il s'ensuivoit que de petits départemens auroient une nombreuse représentation, tandis que des provinces riches & peuplées n'obtiendroient qu'un petit nombre de représentans. La justice étoit encore évidente ici; mais l'evidence n'existe point pour les passions. Si on suivoit l'ordre naturel de la population & de la propriété, la grande question de voter par ordre ou par tête sembloit préjugée; & l'on sait combien le clergé & la noblesse tenoient au domaine aristocratique des privilèges. Ils crièrent donc que la France étoient perdue, si on touchoit à leurs droits; que les formes antiques devoient être sacrées, comme si les abus qui lèsent 24 millions d'individus pouvoient avoir un seul aspect respectable. Ils rugirent & cabalèrent tant , que M. Necker crut faire beaucoup que d'obtenir pour le peuple l'égalité de repréſentation , & de poſer la baſe de la population pour règle de députation; mais il n'oſa pas trancher la dernière conféquence au ſujet de la forme de voter. Cette arrière queſtion reſta à décider aux Etats Généraux eux-mêmes , qui furent convoqués à Verſailles pour le 27 avril 1789 , & ouverts le 4 mai ſuivant.

Malgré la précipitation avec laquelle les cahiers des différens bailliages furent rédigés , ils préſentè-rent un enſemble frappant de réclamations, d'obſer-vations & d'idées régénératrices. C'eſt là (1) ſur-tout qu'il faudra recourir pour connoître l'étendue des abus qui régnoient ſur la France , & le pre-mier effet de la révolution. Ceux qui la cenſurent par paſſion , par intérêt , par préjugé ou par erreur, ne manquent pas de reprocher aux députés d'avoir outre-paſſé leurs cahiers ; c'eſt avouer à demi que toutes les opérations demandées par ces mêmes cahiers ſont juſtes ; & c'eſt déjà quelque choſe. Mais outre qu'il s'en faut beaucoup que tous les changemens déſignés par le vœu des bailliages ſoient opérés, il y a deux autres conſidérations à faire : la première , que nous étions loin de porter nos eſpé-rances au point où elles ſe ſont élevées ; qu'il ne faut donc pas croire que les cahiers en ſoient la dernière meſure : l'autre, qu'on n'a pas eu le temps,

---

(1) Il en a été fait un réſumé général en trois volumes *in-8º.* , avec une table raiſonnée , au moyen de laquelle on connoît, au premier coup-d'œil, ſoit l'unanimité, ſoit le nombre des bailliages, en faveur de chaque demande contenue dans les cahiers.

dans

dans le court intervalle qui a féparé les élections
de la tenue des Etats-généraux, de donner aux cahiers la maturité néceffaire. Quoi qu'il en foit, la
cour, les miniftres & la triple ariftocratie en furent
effrayés. Ils s'unirent pour préparer la diffolution
de cette redoutable affemblée, que l'on ne pouvoit plus empêcher de fe former; & pour fe garantir au moins de la foudre, s'ils ne pouvoient pas
préferver leurs oreilles des bruyans éclats du ton-
nerre. La fciffion entre les ordres, parut dès les
premiers jours. Le tiers-état ulcéré par les mépris,
les vexations & les plus crians abus, qualifiés du
titre de droits & de privilèges, fentoit qu'il avoit
de fon côté les feuls véritables droits, ceux qui
régiffent le monde, la juftice & la force. Le fceau
d'humiliation dont on voulut le noter, foit dans fa
préfentation au Roi, foit dans le cérémonial &
dans toutes les circonftances que l'on put fai-
fir, alluma l'éternel reffentiment qui giffoit dans
les cœurs, & la lutte commença. M. Necker, dans
fon difcours d'ouverture, avoit loué le clergé &
la nobleffe du défintéreffement qu'ils annonçoient,
& beaucoup de gens avoient trouvé mauvais qui leur
fît un mérite d'un commencement de reftitution
forcée. On crut voir l'intention de les ménager trop;
on l'attribua aux difpofitions de la cour : mais on
n'en fut pas long-temps aux conjectures. Il fe tenoit
des affemblées anti-nationales chez Madame de Po-
lignac & ailleurs, où l'intrigue & les puiffances de
la cour méditoient la difperfion des repréfentans du
peuple français. Ainfi on vit autrefois le temple de
Baal s'élever auprès de celui du vrai Dieu, & l'audace impie faire d'inutiles efforts pour la ruine du
temple le plus augufte de l'univers. Cette nouvelle

H

fecte avoit auffi fes Mathan... Les princes (1), ayant M. le comte d'Artois à leur tête, firent paroître un manifefte adreffé au Roi, dans lequel, après avoir lâchement & ftupidement calomnié le tiers-état, lui avoir refufé jufqu'aux talens & aux lumières, ils prédifoient au monarque menacé tous les malheurs. Le comte d'Artois ne fe contenta pas de ce premier manifefte ; il en donna un fecond, qui menaçoit d'une infurrection générale de la part de la nobleffe, & qui laiffoit voir que le chef ne feroit pas difficile à trouver. Il ne faut pas creufer beaucoup, ni pouffer loin les inductions, pour regarder ces deux mémoires comme les bannières des princes, déployées folemnellement à la face de la France, afin de rallier leurs champions.

Cependant il avoit paru une réponfe au premier mémoire, qui vengeoit le tiers-état, & ne flattoit point le prince royal. On lui prouvoit par fa conduite & l'indulgence des Français, que ce peuple qu'il outrageoit étoit bon, généreux & patient. En effet, pour dire ce que nous penfons fur cet augufte-fugitif, avec l'impartialité de l'honnête-homme & le courage de l'hiftorien, fans prétendre achever le portrait, nous demanderons : Par quels traits ce prince eft-il connu ? Par une étourderie fans trève ; pour avoir fcandalifé la vertu, la raifon, les mœurs ; par une diffipation ruineufe pour l'état ; pour avoir le plus contribué à nous difpenfer du befoin d'aimer notre fouveraine, qui paroiffoit devoir fixer pour toujours notre amour !

---

(1) *Monfieur*, le duc d'Orléans & le duc de Penthièvre refufèrent de figner le mémoire.

(59)

Jeunes encore l'un & l'autre , puiſſent-ils profiter
de l'avantage de leur rang , des leçons auſtères de
l'expérience & du bienfait de la maturité , pour
nous délivrer du fardeau de nos reſſentimens , &
du beſoin de nous plaindre ! M. le comte d'Artois
a parcouru une partie de ce vaſte royaume ; qu'à-
t-il vu ſur ſon paſſage ? L'ivreſſe de la joie & de
l'amour. Qu'avoit-il fait pour les inſpirer ? Qu'a-t-il
fait depuis pour juſtifier des ſentimens ſi généreux !...
De qui a-t-il reçu de plus purs hommages & de
plus vrais que de cette claſſe calomniée dans ſon
mémoire, qui , n'ayant rien à eſpérer de la cour ,
répandoit ſon or avec enthouſiaſme pour lui donner
une magnifique & flatteuſe hoſpitalité (1) ?

Le temps de ſe montrer citoyen étoit venu , &
l'occaſion étoit belle pour effacer les taches du paſſé ,
déjà à demi couvert de l'indulgence publique. Mais
il ne falloit pas ſe contenter de ſe dire deſcendant
de Henri IV (2). On avoit peut-être pû l'oublier ;
mais il n'étoit pas permis d'invoquer ce nom con-
ſacré à la reconnoiſſance , au prince dégénéré qui
penſoit à reſſerrer les chaînes ſous leſquelles gémiſ-
ſoit le peuple. C'eſt à Louis XVI que nous aimons
entendre parler du bon Henri.

Après l'ouverture des Etats , les députés des communes ſe rendirent dans la ſalle d'aſſemblée, confor-
mément à l'ajournement fixé par le Roi. Ils atten-

---

(1) C'eſt ce qu'il éprouva en Bretagne , quand il viſita
cette province. Toutes les villes ſe diſputèrent en magnificence pour le recevoir. Par-tout il reçut des preuves tou-
chantes de l'amour des Bretons pour le ſang royal.

(1) Dans un diſcours qu'il prononça aux notables de
ſon bureau.

dirent en vain le clergé & la nobleffe ; le génie de la difcorde les raffembloit dans des falles féparées, & c'eft fur cet ifolement & la défunion qui en devoit réfulter que les ennemis du bien public fondoient l'efpérance de l'entière diffolution. Le tiers-état leur envoya députations fur députations, joignit la prière aux bonnes raifons, pour les toucher & les perfuader. On leur répondoit par des phrafes vagues, affaifonnées de la morgue que les fots appellent dignité. Il n'étoit cependant encore queftion que de vérifier les pouvoirs en commun. Mais fe mêler à cet ignoble vulgaire, le reconnoître pour égal en droit de mandataire ! C'étoit bien affez d'être obligé d'avoir le même Dieu, les mêmes temples que lui !

Il fe prononçoit dans chaque chambre des chef-d'œuvres d'ariftocratie, qui ne feront pas perdus, nous l'efpérons, pour la poftérité. Des évêques d'une réputation faite parloient avec zèle & applaudiffement ; ils avoient alors, difoient-ils, le bien public à cœur plus que toutes chofes (excepté l'efprit de corps) ; & depuis que l'affemblée eft organifée, ces mêmes héros n'ont pas ouvert la bouche ; leur cœur, leur voix, quelquefois leur perfonne entière eft paralyfée ! Ils ont vu la tête de Médufe. Mais, *Monfeigneur*, *M. le Duc*, *M. le Marquis*, *Monfieur le prefque noble*, l'honnête homme s'oppofe au mal, pour l'acquit de fa confcience, lors même qu'il fait que fes efforts feront inutiles, & par le même principe, il concourt au bien public, quels que foient fes coopérateurs ; le motif & l'action garantiront vos dignités de toute fouillure. Soyez ou courageux comme l'abbé Maury, ou, ce qui vaut infiniment mieux, bons citoyens ; faites au moins de néceffité vertu ; le plus mauvais de ces trois rôles vaut mieux que l'humeur pantomime.

Pour concilier, ou paroître vouloir concilier les efprits, il fe tint chez le garde des fceaux une affemblée conciliatoire, compofée de commiffaires pour le roi, & de députés des trois ordres. Cette affemblée n'opéra rien ; on connut feulement que les miniftres prétendoient avoir de l'influence dans les états.

Tous les remèdes étant ufés, il falloit une crife, & dans ces crifes violentes, les fortes conftitutions feules réfiftent. C'eft ce que le clergé & la nobleffe rénitente auroient dû prévoir. On ne peut même les abfoudre de fimplicité, ni leur éviter le reproche d'avoir trop compté fur leurs forces, ou fur leurs appuis. Il faut qu'ils finiffent leur confeffion par dire : *Quelque diable auffi me pouffant.* Car il eft certain qu'ils ont fait toutes les bévues poffibles.

Ils ont fur-tout indigné la nation par le retard qu'ils ont apporté à l'organifation de l'affemblée ; ils ont mis le procès fous les yeux du peuple, & fous la plume des écrivains. Que pouvoient-ils donc fe permettre ? Il faut voir abfolument qu'ils comptoient fur la cour : fans cela leur réfiftance eût été ridicule, & leur conduite abfurde.

Cependant le tiers-état, auffi ennuyé que rebuté par les refus de la majorité du clergé & de la nobleffe, fe conftitua *affemblée des communes*, & fe déclara repréfentant de la nation, ayant droit de délibérer feul, & d'opérer feul la régénération de la France, fi les deux autres corps continuoient à s'y oppofer. Cet acte d'autorité parut aux ariftocrates de tous les ordres, d'une grande conféquence. Le petit nombre du clergé & de la nobleffe, qui plaidoit pour la réunion & l'équité , en eut plus de force. Les curés , retenus en partie par cette opinion de corps , qui taxe de faux frères , fans déduction de motifs , ceux qui abandonnent les drapeaux , fuffent-ils ceux de la ligue , fentoient qu'ils ne devoient pas s'ifoler de la maffe commune , où ils auroient de la confidération , où étoit le droit , pour compofer à noffeigneurs une claffe d'ilotes ; qu'il y avoit de la duperie à faire du haut clergé une puiffance , pour en être au moins dédaignés. M. l'archevêque de Bordeaux fut un de ceux qui influa le plus dans fon ordre , par le raifonnement & l'exemple , pour la réunion. Nous en faifons ici une mention particulière , non parce qu'il eft en place , mais parce qu'il a été appelé au miniftère , pour avoir montré le zèle qui lui en auroit attiré peu auparavant toute l'animadverfion ; tant il eft vrai que ce que le defpotifme dénomme crime eft la vertu du citoyen !

Dans la chambre de la nobleffe , les apôtres de la réunion avoient toujours été plus nombreux & plus puiffans. Le duc d'Orléans étoit à leur tête , & fon nom faifoit déjà un grand poids dans la balance ; mais le duc de la Rochefoucault , quelques autres noms eftimés & illuftres , montroient plus de zèle encore , caufoient moins d'enthoufiafme & méritoient plus d'eftime. La gloire civique n'appartient qu'à ceux qui font le bien public , par des motifs purs & défintéreffés. Trop rarement ils font la bafe de la conduite des princes. Chez eux l'ambition , l'orgueil & les paffions , qui traînent ou fuivent leur char , ont leur code particulier , qui fait une des chartres des princes ! Elles fe parent fi fouvent en vertus , & font fi fouvent encenfées comme telles, qu'il eſt extrêmement difficile, je dirois preſque toujours impoſſible de louer ſenſé-ment un prince, au moment qu'il paroît faire une grande action. Il a quelquefois fallu un ſiècle pour dégager de ſes enveloppes un ſeul ſecret de leurs paſſions. Ainſi, ſans prononcer ſur M. le duc d'Or-léans, il nous ſuffit des données que nous avons, & des ombres de l'affreux ſoupçon dont il s'eſt laiſſé environner, pour lui refuſer en ce moment tout éloge. L'hiſtoire les lui reſtituera, ſi elle ne le flétrit pas.

Les ennemis des états-généraux voyant donc que la réunion alloit s'opérer au moins en grande partie, employèrent tous les moyens qui leur reſtoient pour l'empêcher; ils ameutèrent à cet effet la haute no-bleſſe & le haut clergé. L'archevêque de Paris alla à Marly ſupplier le roi d'intervenir & de dicter ſes volontés ſuprêmes. En conſéquence la ſéance royale fut indiquée pour le 23 juin. Elle devoit être, & étoit en effet dans l'intention de ceux qui l'avoient provoquée, le prélude d'une très-prochaine diſſo-lution.

Il fut enjoint aux députés de ceſſer leurs ſéan-ces, pour que l'on pût décorer leur ſalle. Ils ſen-tirent ce que ce prétexte avoit d'illuſoire, & s'aſ-ſemblèrent dans un jeu de paume. Ainſi, tandis que l'on décoroit le lieu qui avoit paru digne de la nation raſſemblée, pour qu'il le fût de la préſence de Sa Majeſté, une académie de jeu devenoit le temple de la patrie. Cependant l'emplacement étant incommode, on le quitta pour l'égliſe Saint-Louis de Verſailles. Ce fut là que s'opéra la première réunion d'une partie du clergé à la commune, & que, d'après cette réunion, le nom d'aſſemblée des

communes fut changé en celui d'ASSEMBLÉE NA-
TIONALE, titre auguste qui donne à ses decrets plus
de majesté, & commande plus de respect.

Le jour de la séance royale étant arrivé, le clergé
& la noblesse furent reçus avec pompe, & placés
avec distinction, tandis qu'on laissoit à la porte les
députés du tiers, exposés à une pluie abondante.
Enfin on leur assigna une place pour entendre le
Roi annoncer avec sévérité qu'il feroit sans eux ce
qu'il vouloit qui fût fait. Cette menace expliquoit
le parti pris. Les bons citoyens affligés se demandoient les uns aux autres quels témoignages de bonté
le monarque avoit donné dans cette séance, qui
auroit dû être celle d'un père conciliateur au milieu de ses enfans, pour leur rappeler les devoirs
de la fraternité : tous ne l'avoient trouvé que terrible. Ah ! c'est qu'on l'avoit encore trompé, & si
indignement trompé, qu'on lui avoit fait un devoir
de prendre au moins le langage des passions hai-
neuses, qui avoient sourdement préparé la subver-
sion des états. S'il avoit fallu juger Louis XVI,
d'après cette démarche, on eût dit que ses perfides
conseillers lui avoient persuadé le despotisme !

Le tiers-état étoit resté assemblé après la séance ;
le maître des cérémonies vint lui ordonner, de la
part du roi, de sortir de la salle. M. Bailly fit, à
cette sommation, une réponse pleine de sagesse &
de courage, qui suffiroit à sa gloire ; il déclara à
l'envoyé *que la nation assemblée n'avoit point d'ordres à recevoir.* Ce langage dut paroître étrange au
roi, & au maître des cérémonies, qui n'avoit jamais
porté que des ordres & des soumissions aussi abso-
lues que les ordres. Il revint bientôt signifier une
nouvelle injonction de se séparer. Quand bien même

quelque

quelque membre de l'assemblée n'auroit pas connu toute sa dignité, la réponse de M. Bailly auroit suffi pour la lui rappeler : mais, à cette seconde sommation, l'énergie s'empara de tous les membres ; le comte de Mirabeau échauffa toutes les ames, toutes assentirent avec enthousiasme à son dévouement à la mort plutôt que de céder aux menaces, & il fut répondu *que les représentans de la nation périroient par le fer & le feu de la tyrannie, plutôt que de se séparer.* Cette journée de violence ministérielle & aristocratique peut produire une nuit d'horreur. Le peuple de Versailles, qui n'attribua jamais à son roi le crime du despotisme, s'indigna contre les coupables ; il courut au château, en assiégea les cours qu'il remplit de cris de plainte, d'indignation, de terreur. Il pouvoit, dans un instant, passer à la fureur qui ne connoît plus de bornes dans sa vengeance. L'alarme étoit dans le château, où chacun peut-être, excepté le roi, devoit trembler pour soi. M. Necker, appelé par le peuple, parut & le rassura ; il versa sur cette multitude redoutable l'espérance & le calme. On craignoit pour lui ; il vanta les bontés du roi, & promit un entier dévouement à la chose publique. Il est bien probable qu'il témoigna plus de confiance qu'il n'en avoit alors : car l'orage qui devoit l'éloigner étoit déjà formé, & il n'est pas croyable que le public eût des soupçons aussi positifs, sans qu'il ait lui-même soupçonné le mystère.

Le lendemain quelques membres de la noblesse se joignirent à l'Assemblée nationale, & prêtèrent le serment d'union. Cependant une armée de troupes étrangères s'emparoit de Versailles & des environs de Paris, & la famine étoit presque dans ces deux villes ! Dans la détresse des finances, on faisoit venir à grands frais des frontières un train terrible d'artillerie. On répondoit à l'étonnement, aux soupçons & aux craintes, en disant que ce n'étoit que pour la sûreté publique. Quand ces forces furent rassemblées, M. le comte d'Artois maltraita le ministre des finances ; le Roi abusé le renvoya, & les fauteurs de la séance royale répandirent qu'elle alloit avoir tout son effet.

Dès la nuit du 12 au 13, le peuple de Paris avoit commencé à brûler les bureaux des barrières. Le lendemain les Hussards, les dragons, & le régiment Royal-Allemand, commandé par le prince Lambesc, s'emparèrent des Champs-Elisées. Les Parisiens menacés de si près, & voyant dans l'enceinte de leurs murs un camp de Suisses, & dans le sein même de la ville la cavalerie allemande en action, commencèrent à s'armer. Mais le vaillant prince de Lambesc, à la tête d'un détachement de ses cavaliers, entra au galop dans les Thuileries, où il voyoit du monde assemblé pour s'étonner ou se promener ; & afin de donner une idée de ce qu'il pouvoit, ou de ce que nous devions attendre, il sabra de sa propre main un malheureux vieillard qui promenoit en paix sa défaillante vieillesse. Cet assassinat barbare alluma le courage & la vengeance : il y eut dès le soir même quelques victimes. Malheureusement ce fut parmi ces malheureux qui exécutent aveuglement les crimes de ceux qui les payent ou qui les commandent ; & le rejeton si digne d'une race odieuse jouit peut-être encore de l'espoir de n'être pas solemnellement puni. Le mardi 14, les Invalides furent forcés, & le dépôt d'armes distribué aux citoyens, qui coururent en faire l'heureux essai à la Bastille.

En nous reportant à l'époque de la convocation des Etats-géneraux, on eſt étonné de voir combien la France diffère de ce qu'elle étoit , combien le Français libre diffère déjà du Français eſclave, auquel il ne reſtoit plus de conſolation que dans ſa frivolité. L'imagination elle-même eſt étonnée de l'eſpace que nous avons franchi en peu de mois. Il y a ſans doute des vices dans quelques opérations de l'Aſſemblée nationale , parce que les hommes ne produiſent rien de parfait ; mais le temps & l'expérience , ces grands inſtituteurs de l'homme, répareront les défauts ou les vices qui auront échappé. Le peuple a ſévi ſur quelques têtes ſoupçonnées ou coupables. Nous ne prétendons point autoriſer la ſanguinaire vengeance ; nous eſpérons au contraire que déſormais la loi ſeule prononcera la peine. Mais, pour s'en rapporter aux lois , il faut être ſûr de leur action , & le peuple ſavoit qu'elles n'étoient inflexibles que pour lui ! Ne calomnions pas le peuple. Il a été cruel un moment dans la vengeance ; mais on l'opprimoit depuis des ſiècles avec barbarie ; dans une cauſe auſſi importante il ne faut pas juger d'après l'impreſſion du moment : il faut tout voir & tout peſer. C'eſt ce que nous avons tâché de faire avant de conſigner nos penſées dans cet écrit. Nous avons ſuivi tous les mouvemens qui ont préparé la ſéance royale & ſes effets. Nous avons vu de près les ſenſations que produiſit à Verſailles, le dimanche 12 juillet, le départ de M. Necker & de trois autres miniſtres eſtimés ; nous avons vu ce jour-là la galerie de Verſailles, d'où les députés des communes, qui y abondoient à pareils jours, s'étoient exilés. On n'y rencontroit que des gens en place, ou des hommes connus par la part qu'ils

prenoient à l'évènement. Quelques obfervateurs y
étudioient les phyfionomies : fur les unes on lifoit
la joie franche ; fur les autres l'anxiété de la joie
même & de la crainte. Nous y entendîmes un
député dire hautement , par allufion au renvoi de
M. Necker , *qu'il s'étoit purgé avec un gros grain
d'émétique*. Enfin , après avoir obfervé dans le château & jufques chez les princes , la favante diffimu-
lation ou celle qui fe trahit, les premiers mouvemens
de la joie ou de la douleur , de la furprife ou de
l'indignation , après avoir affifté à la tonnante féance
du 13 , après avoir tout vu , jufqu'aux cavaliers &
aux chevaux cafernés dans l'orangerie , aux huffards
poftés à l'ombre du parc de Trianon , nous nous
fommes renfermés en nous-mêmes, pour comparer
& préferver notre jugement de l'enthoufiafme , de
l'admiration , ou de la haine , qui exagèrent également.

Marfeille , le 30 janvier 1790.